Michael Dwelk
Angekommen in der Gegenwart

Michael Dwelk

Angekommen in der Gegenwart

Ein Tsunamiopfer berichtet über
die Bewältigung seines Traumas

Für
Roman,   *Michaela,*
der mich in Thailand   *die mich in Deutschland*
aus dem Wasser zog   *über Wasser hielt*
                          und immer noch hält

© Michael Dwelk, Berlin/Ritterhude 2008 – 2010
Kontakt: m.dwelk@gmx.de
Co-Autorin: Frauke Johannsen (Lebenstexte)
Satz: Michael Uszinski, Berlin
Herstellung und Verlag: Books on Demand GmbH, Norderstedt
ISBN 978-3-8423-2793-1

Inhalt

Einleitung

Wäre mir als Tsunamiopfer nicht die unglaubliche Ignoranz der Behörden und offiziellen Stellen zuteil geworden, hätte ich nie die Motivation gehabt, über den bedeutsamsten Tag in meinem Leben zu schreiben. Somit war dieses Buch ursprünglich als Darstellung geplant, wie mit den deutschen Tsunamiopfern von offizieller Seite umgegangen beziehungsweise nicht umgegangen worden ist. Gerade im ersten Jahr nach dem Tsunami galt es, viele wichtige Entscheidungen zu treffen. Aufgrund des erlittenen Posttraumatischen Belastungssyndroms ist dies aber unmöglich gewesen. Hier hätte nicht nur mir Hilfe von Regierungsseite gut getan. Da die Bundesregierung schon öfter mit Krisensituationen zu tun gehabt hat, hätte dieses Wissen den Tsunamiopfern bereitgestellt werden müssen! Doch nichts in dieser Hinsicht geschah. Im Gegenteil sogar: Da ich aufgrund des Posttraumatischen Belastungssyndroms überfordert war und vieles in dem anfallenden Schriftverkehr nicht verstand, wurde mir dies noch zum Nachteil ausgelegt. Zudem zog sich der Schriftverkehr unnötig in die Länge. Auch dadurch wurde mein Leben von tiefen Depressionen bis hin zu Selbstmordabsichten geprägt. Immer und immer wieder musste ich mich erneut mit dem Erlebten beschäftigen. Das wiederum führte zu vielen unnötigen Flashbacks, die meinem Heilungsprozess im Wege stehen.

Mit dem Schreiben dieses Buches wuchs aber in mir die Erkenntnis, dass das Anprangern der Behörden nichts ändern wird. Vielmehr liegt es mir am Herzen aufzuklären und etwas Positives zu bewirken.

Der erste Teil schildert – aufgrund von vielen Hundert Flashbacks – mein Erleben der zehn Meter hohen Welle, meine Rettung und die Zeit danach in Thailand.

Im zweiten Teil sind die folgenden vier Jahre in Deutschland verfasst. Besonders herausgestellt habe ich mein Leben mit dem Posttraumatischen Belastungssyndrom, auch Posttraumatische Belastungsstörung genannt (kurz: Trauma). Ich musste nämlich Folgendes feststellen: Alle Menschen kennen das Wort Trauma und benutzen es auch. Aber die Bedeutung eines Traumas für den Traumatisierten und die Umgehensweise mit Traumatisierten ist nahezu allen Menschen unbekannt.

Noch etliche Zeit nach dem Unglück stand mir das Wasser bis zum Hals. Doch ehe ich völlig unterging, setzte eine psychische und körperliche Wandlung ein – zu einem neuen, glücklichen Leben. Ich hoffe, dass dies mit meinen abschließenden Anregungen dazu auch anderen gelingen kann ...

Die ersten knapp 44 Jahre meines Lebens liefen recht normal. Nach Abitur, Zivildienst, Sportstudium verdiente ich mein Geld im Gesundheitsbereich. Ich schloss die Ausbildung zum staatlich geprüften Masseur ab, absolvierte verschiedene Fortbildungen und schulte zum Osteopathen auf. Ich machte mich selbstständig und war im wahrsten Sinne selbst und ständig gefordert. Besonders zum Jahresende hin betrug meine wöchentliche Arbeitszeit oft 80 Stunden. Da ich das Wohl der Patienten in den Vordergrund stellte, dauerte die Behandlung in der Regel 60 Minuten, statt den normalerweise eher üblichen 20 Minuten. Dies ging zwar zu meinen finanziellen Lasten, das positive Ergebnis meiner Arbeit war mir aber wichtiger. Nach Jahren der Existenzangst war dann endlich für den Urlaub zum Jahreswechsel 2004/2005 Zeit und Geld übrig. Durch viele Urlaubsberichte von Freunden und Patienten schien Michaela Michaela und mir Thailand als das richtige Ziel. Freundliche Menschen, ausgezeichnete Küche, traumhafte Sandstrände, interessante Religion mit schönen Tempelanlagen, attraktive Nationalparks und ein gutes Preis-Leistungs-Verhältnis. Doch es sollte alles ganz anders kommen ...

Am frühen Morgen des 26. Dezembers 2004 verursachte ein Seebeben der Stärke 9 in Südostasien eine der größten Naturkatastrophen der Menschheitsgeschichte. Der durch das Seebeben ausgelöste Tsunami forderte ca. 300 000 Tote, sowie unzählige Verletzte und eine Million Menschen die ihr gesamtes Hab und Gut und somit ihre Existenzgrundlage verloren. Familien wurden für immer auseinander gerissen. Michaela und ich befanden uns am Morgen des zweiten Weihnachtsfeiertages am Strand von Khao Lak, Thailand. Um etwa zehn Uhr Ortszeit sahen wir den Tsunami auf uns zukommen. Wir liefen davon, wurden aber noch am Strand von der 700 Stundenkilometer schnellen und 10 Meter hohen Riesenwelle erfasst. Mit viel Glück und Gottes Willen überlebten wir den Tsunami.

Teil 1

Die Stille vor der Flut

26. Dezember 2004 morgens in Khao Lak. Inzwischen hat der dritte Urlaubstag begonnen. Die friedvolle Atmosphäre macht es Michaela und mir leicht, vom stressigen Arbeitsalltag abzuschalten. Zwar hört man ständig das Knattern der Mopeds, offensichtlich das thailändische Fortbewegungsmittel Nummer eins, sonst verbreiten die Thailänder aber eine angenehme Ruhe. Es liegt nicht nur an ihrer geringen Körpergröße, dass man sie kaum wahrnimmt. Vielmehr ist es ihre reservierte Höflichkeit und Unaufdringlichkeit. Im Gegensatz zu einigen anderen Urlaubsländern, werden wir nicht angesprochen, ob wir irgendetwas kaufen oder besichtigen möchten. Man fühlt sich frei und sicher in dieser Region. Auch nach Einbruch der Dunkelheit konnten wir in den entlegensten Gassen spazieren gehen, ohne Angst haben zu müssen, in den nächsten Sekunden überfallen zu werden. Dieses Lebensgefühl hat sich offenbar auch auf die vielen anderen Urlauber übertragen – betrunkene und grölende sind hier nicht auszumachen.

Langsam erwacht der Tag. Die ersten Thais fahren mit ihren Mopeds zu ihren Arbeitsplätzen in die Hotels und wenige Urlauber gehen am Strand bei angenehmen 27° C ihren Sportaktivitäten nach. Das Wasser ist klar und spiegelglatt. Trotz des erst dritten Urlaubtages bin ich schon begeistert von der Wahl dieses Ortes. Und es soll ja noch viel besser kommen. Heute Abend steht ein Treffen mit dem Freund eines guten Bekannten an. Dieser lebt seit elf Jahren in Thailand und betreibt mit seiner Freundin eine kleine Reiseagentur in Khao Lak, von wo aus die beiden verschiedene Ausflüge für Urlauber anbieten. Im Vorfeld der Urlaubsplanung telefonierte ich einige Male mit Gero. Wir waren uns auf Anhieb sympathisch, und Gero versprach mir, dass er uns »seine« Urlaubsplätze in Thailand zeigen wolle, die nicht touristisch erschlossen seien. Außerdem wollten wir noch einige schöne Tempel und Nationalparks besichtigen. Mit Gero als erfahrenem Reiseführer stand unserem Traumurlaub also nichts entgegen.

Unter einer Veranda unserer Hotelanlage bestellen wir unser Frühstück. Es sind nur noch zwei, drei weitere Tische besetzt. Der Fernseher im Frühstücksbereich läuft ohne Ton und zeigt eine amerikanische Nachrichtensendung. Nichts Außergewöhnliches ist in der Welt passiert. Wir lassen unsere Blicke schweifen. Vor der Veranda glitzert ein Swimmingpool. Dahinter erstreckt sich der schöne, großzügige Garten mit einigen Schatten spendenden Bäumen. Die Doppelbungalows für die Hotelgäste sind in U-Form auf dem weitläufigen Gelände angeordnet.

Obwohl es mittlerweile schon halb neun ist, zeigt sich erst so langsam in dem einen oder anderen Bungalow ein wenig Leben. Wir stellen fest, dass heute die meisten Urlaubsgäste ungewöhnlich spät aufstehen. Einige Wochen danach erzählte mir Michaela, dass ihr damals auffiel, dass kein einziger Vogel zu hören war. Ich bemerkte dies nicht, sondern genoss einfach nur diese himmlische Ruhe.

Gegen Viertel nach Neun brechen wir Richtung Strand auf, der auf geradem Weg vielleicht 100 Meter entfernt ist. Wir ziehen es aber vor, einen kleinen Umweg zu machen, um noch ein wenig die Gegend zu erkunden. Am Strand suchen wir nach einem ruhigen und schattigen Plätzchen. Das kristallklare Wasser lädt uns zum Baden ein. Hier kann nicht einmal ein Nichtschwimmer ertrinken, denn man muss bestimmt 50 Meter weit waten, um wenigstens hüfttief im Meer zu stehen. Keine Strömung und keine Wellen. Wie schön müsste in diesem Meer erst das Schnorcheln und das Tauchen sein? Nach einem kurzen Bad begeben wir uns wieder an den Strand zum Lesen. Ich lehne mich dazu, mit dem Rücken zum Wasser, an einen ein Meter hohen Stein.

»Hilfe, Hilfe!!!« ertönen kurz darauf die Rufe eines deutschen Mannes. Ich halte dies für einen schlechten Scherz, da ja meiner Meinung nach hier niemand ertrinken kann. So ignoriere ich sie und konzentriere mich wieder auf mein Buch.

»Hilfe! ... Hilfe! ... Hilfe!«

Ich stehe auf, drehe mich um, schaue aufs Meer und mag meinen Augen nicht glauben: Das Wasser ist fast bis zum Horizont verschwunden. Ich weiß eigentlich gar nichts über die Besonderheiten der Gezeiten hier in Khao Lak. Da sich aber niemand am Strand hektisch verhält, nehme ich dieses Spektakel erst einmal als normal hin.

Auf dem Schlick zappeln Hunderte von Fischen in unterschiedlichen Größen und Farben. Viele Menschen stehen ungläubig bis konsterniert dazwischen. Der um Hilfe rufende Mann liegt in zirka 100 Meter Entfernung an einem Korallenfelsen. Er muss vom Sog dagegen geworfen worden sein, als das Wasser sich zurückzog. Keiner macht sich auf den Weg, um ihm zu helfen. Scheinbar ist er aber schwerer verletzt, da er keine Anstalten macht, sich Richtung Strand zu bewegen. Sicherlich muss er vorsichtig getragen werden, alleine kann ich ihn also nicht zum Ufer bringen. Ich bitte ein paar in meiner Umgebung stehende Urlauber, mir beim Transport des

Mannes zu helfen. Wir gehen los, doch nach wenigen Schritten fällt mir auf, dass mir keiner mehr folgt. Ich gehe zurück und versuche die Männer erneut zu überzeugen. Ich blicke aber lediglich in erstaunte und abwesende Gesichter. Unglaublich. Da benötigt offensichtlich jemand dringend Hilfe und niemand fühlt sich angesprochen. Endlich folgen mir drei, vier Männer. Gerade als ich sie zum Laufen animieren will, bemerke ich, dass sich in einigen Kilometern Entfernung eine Welle aufbaut. Der Mann schreit immer noch. Er muss starke Schmerzen haben. Wir rennen auf ihn zu und sind vielleicht noch 50 Meter von ihm entfernt, als ich feststellen muss, dass die Welle, die ich eben am Horizont erblickt habe, nun auf uns zurollt. Schon kann ich erkennen, dass es sich nicht um eine normale große Welle handelt, wie ich sie schon so oft am Meer gesehen habe. Eine so riesige, und vor allen Dingen schnelle Welle war mir vollkommen unbekannt. Es schießt mir durch den Kopf: Das ist ein Tsunami.

Gerade vor ein paar Wochen hatte ich das Ende eines Berichtes über Tsunamis im Fernsehen gesehen. Das Einzige, was mir noch in meinem Kopf hängen geblieben war: Tsunamis kommen in Japan vor und können bis zu dreißig Meter hoch werden. Nun stürmt eine haushohe Wand auf uns zu. Ich weiß, ich muss schnellstens das Ufer erreichen. Abrupt drehe ich mich um, stürze los und rufe Michaela zu: »Lauf! Lauf!«

Während sie schnell noch unser Hab und Gut mit den Wertsachen zusammenrafft, erreiche ich den Strand. Nebeneinander rennen wir weg vom Strand in Richtung Landesinneres. Kurz bevor wir einen kleinen Palmenwald erreichen wird es so laut, wie ich es noch nie wahrgenommen habe. Der Lärmpegel übertrifft den eines startenden Flugzeuges deutlich. Ich spüre die Wassermassen im Genick, atme noch einmal tief ein – und dann rammt mich die Welle mit voller Wucht.

Die Welle

Ich versuche noch, nach Michaela zu greifen, sehe sie aber nicht mehr. Ich bin nicht nur vom Wasser umspült, sondern mitten in einem tosenden Ozean. Ich höre nur noch Lärm.

Die Situation, von einer Welle erfasst zu werden, kenne ich. Bei diversen Strandurlauben in der Karibik oder an der französischen Atlantikküste war das so genannte Bodysurfen eine meiner Lieblingsbeschäftigungen. Dabei wartet man bäuchlings im Wasser auf eine geeignete Welle. Wenn diese einen erreicht, streckt man seinen Körper durch, die Arme nach vorne, die Beine nach hinten, den Blick Richtung Land und schießt auf ihr darauf zu. Diese früheren Urlaubssituationen kommen mir sofort in mein Gedächtnis, so dass ich, als ich spüre, dass ich in der Welle bin, die mir bekannte Körperhaltung einnehme. Schnell ist mir klar, dass dies mit dem bekannten Bodysurfen überhaupt nichts zu tun hat. Mit so einer Geschwindigkeit war ich noch nie durchs Wasser geschossen.

Geistesgegenwärtig versuche ich keine unnützen Bewegungen zu machen, um dem Wasser keine zu großen Widerstände zu bieten. Ich bin mir sicher, dass, wenn ich mich so gut es geht treiben lasse, ich nirgendwo gegen gespült würde. Dies ist im Moment meine größte Angst.

Auf einmal bin ich nicht mehr alleine im Wasser. Immer mehr Baumstämme und Mobiliar schießen an mir vorbei, beziehungsweise kommen auf mich zu. Aus Sicherheitsgründen entschließe ich mich dazu, meine Körperposition zu verändern, da ich befürchte, Kopf voran gegen irgendetwas geschleudert zu werden. Gedacht, getan. Ich mache eine halbe Rolle rückwärts, so dass ich nun auf dem Rücken liegend, mit den Füßen voran, ins Ungewisse katapultiert werde.

Paradoxerweise nehme ich alles in unmittelbarer Umgebung von mir im Zeitlupentempo war. Auch meine eigenen Körperbewegungen vollziehen sich extrem langsam. Zudem ist die Sicht sehr gut. Alles im Wasser ist deutlich zu erkennen. Als ich nun registrieren muss, dass mein linkes Bein zwischen zwei großen Baumstämmen eingeklemmt ist, ist es ein Leichtes für mich, sachlich mein Bein aus der Umklammerung zu lösen. Als ich mein Bein befreit habe, bemerke ich, wie mein rechter Arm zwischen zwei Gegenständen eingeklemmt wird. Erneut kann ich mir erfolgreich helfen. Parallel dazu bekomme ich von irgendwelchen Gegenständen sowohl schwächere, als auch stärkere Stöße ab. Mal am Körper, dann am Kopf. In einer Tour erhalte ich Schläge, die ich aber für nicht so schlimm halte. Im Gegenteil sogar. Ich bin ein wenig überrascht, wie glimpflich die ganze Sache abläuft. Ich bin mir sicher, bis jetzt alles unbeschadet überstanden zu haben. Das macht mir Mut, den Rest dieser außergewöhnlichen Situation ebenfalls zu bewältigen. Allerdings frage ich mich, wie lange ich wohl noch durch die Gegend katapultiert werden würde. Beim früheren Bodysurfen sind mir die Wellen meistens ein wenig zu klein gewesen und damit das Surfen ein wenig zu kurz. Nun warte ich eher darauf, dass diese »Veranstaltung« doch ein Ende nehmen würde.

Plötzlich bemerke ich, dass ich die letzten Sekunden gar nicht mehr geatmet habe. Zu groß war offensichtlich die Aufmerksamkeit, die ich meinen eingeklemmten Gliedmaßen schenkte. Also, es ist jetzt an der Zeit dringend Luft zu holen. Allerdings habe ich weder eine Ahnung davon, wo und in welcher Entfernung sich die Wasseroberfläche befindet, noch habe ich eine Chance dort hinzukommen. Zu groß ist das Chaos um mich herum und die Wasserkraft zu stark. Es gibt für mich nur eine Lösung: ... atmen! Vorsichtig öffne ich einen kleinen Spalt meines Mundes, um möglichst viel Sauerstoff, aber möglichst wenig Wasser in meine Lungen zu bekommen. Zu meiner allergrößten Verwunderung und Erleichterung kann ich problemlos atmen, ohne nennenswerte Mengen an Wasser zu schlucken.

Wie ich erst jetzt bemerke, befinde ich mich in einer Art Luftblase von zwei bis drei Metern Durchmesser. Sie enthält nur an einigen Stellen Wasser. Diese Situation nutze ich sofort aus und nehme ein paar kräftige Atemzüge. Allerdings sind schon wieder meine Gliedmaßen eingeklemmt. Dieses Schauspiel wiederholt sich ständig. Kaum ist eine Gliedmaße befreit, schon muss ich mich um das nächste Körperteil kümmern. Gott sei Dank kann ich immer noch problemlos atmen. Auf einmal verändert sich etwas in meiner Umgebung. Die Geschwindigkeit, mit der ich durch Khao Laks Hinterland gespült werde, verlangsamt sich deutlich. Wenig später kommt die Welle mit mir nahezu vollständig zum Stillstand. Es ist urplötzlich totenstill, im wahrsten Sinne des Wortes.

Die Rettung

Ich habe keine Ahnung, wo ich mich befinde. Lediglich einige Palmenwipfel kann ich erspähen. Außerdem ist das Wasser sehr kabbelig und nicht mehr klar, sondern dreckig und trübe. Von allen Seiten schwappen kleinere, vielleicht einen Meter hohe Wellen auf mich drauf und werfen mich unkontrolliert hin und her. Es ist schwer zu atmen, ohne Wasser zu schlucken. Zudem gibt es einen merkwürdigen Sog, der mich erfasst, so dass ich zu einem Spielball der Wassermassen geworden bin. Obwohl ich mich selber immer als recht guten Schwimmer bezeichnete – ich besitze einen DLRG-Rettungsschwimmerschein – ist es für mich unmöglich, gegen die Wasserströmung anzukämpfen, um meinen Kopf über der Wasseroberfläche zu halten.

Jäh schießt mir ein Gedanke durch den Kopf. Ich konnte nie nachvollziehen, warum Schiffbrüchige ertrinken. Ich dachte mir immer, dass ein paar Arm- und Beinschlägen ausreichen würden, um sich locker über Wasser halten zu können. Nun weiß ich, es handelt sich hierbei um Schwerstarbeit. Es scheint, als ob sämtliche Körpermuskeln gleichzeitig arbeiten. Ich kann nicht feststellen, wo vorne und hinten, links und rechts und oben und unten ist. Versuche ich, mich nach »oben« zu stoßen, so geht mein Kopf unter Wasser. Also stoße ich mich in die entgegengesetzte Richtung ab, aber mein Kopf befindet sich schon wieder unter Wasser. Egal was ich tue, mein Kopf befindet sich fast ausschließlich unter Wasser. Das ist nicht nur ermüdend, sondern auch sehr, sehr frustrierend. Als ich mich noch in der Welle befand, konnte ich wunderbar atmen. Doch davon ist jetzt überhaupt keine Rede mehr. Ferner funktioniert mein Körper nicht wie gewohnt. Meine Bemühungen, mich über Wasser zu halten, werden zunehmend von Kraftlosigkeit begleitet. Abermals versuche ich mich zu orientieren, sehe aber nur Wasser und Palmen. Es herrscht immer noch Totenstille. Ich komme mir vor, als wäre ich ganz alleine auf der Welt. Und dies scheint mir im ersten Moment auch plausibel: So etwas kann man gar nicht überleben! Doch ich habe andererseits immer noch Hoffnung, einen Überlebenden zu finden. Es gibt nur noch einen Ausweg. So laut ich nur irgendwie kann, schreie ich:

»Hilfe! Hilfe! Hilfe!«

Keine Antwort.

Totenstille.

Ich versuche es wieder:

»Hilfe! Hilfe! Hilfe!«

Wieder keine Antwort.

Immer noch Totenstille.

Es scheint so, als ob wirklich kein Mensch weit und breit in diesem Landstrich zugegen ist. Krampfhaft versuche ich mich über Wasser zu halten, doch nun habe ich keine Kraft mehr. Ein letztes Mal schreie ich noch so laut ich kann:

»Hilfe! Ich kann nicht mehr!!«

Dann sind meine allerletzten Reserven aufgebraucht.

Wieder keine Antwort.

Ich verstehe. Meine Zeit zum Sterben ist gekommen. In diesem Moment habe ich auch keine Angst mehr davor. Die Situation scheint absolut eindeutig. Offenbar soll ich gegen diese Gewalt nicht ankommen. Restlos erschöpft ergebe ich mich meinem Schicksal und schließe meine Augen. Eine wohlige Ruhe überkommt mich. Ich genieße diesen Zustand nach all der Kraftanstrengung der letzten Minuten und schlafe ein.

Urplötzlich werde ich aus meinem paradiesischen Zustand gerissen. Ein Mann befindet sich neben mir im Wasser und hantiert mit einer Art Seil herum.

Wie ich später erfuhr, wären mein Lebensretter und seine Ehefrau, Gäste im »Similana Hotel«, normalerweise auch schon längst am Strand gewesen. Doch an diesem Morgen gab es eine Verzögerung am Frühstücksbuffet. Der eigentliche »Eierkoch« wurde durch einen Kollegen ersetzt, der ausschließlich der thailändischen Sprache mächtig war. Somit zog sich die Erfüllung der Spiegelei- und Omelettezubereitungswünsche ungewöhnlich in die Länge. Etwa zehn Minuten später als sonst erreichte mein baldiger Lebensretter sein Zimmer im zweiten Stock des Hotels. Von dort aus wurde er unmittelbarer Zeuge dieses hoffentlich einzigartigen Szenarios. Zuerst nahm er das fast unendliche Watt wahr. Dann erkannte er am Horizont die Riesenwelle. Da er die Menschen am Strand vom Hotel aus nicht retten konnte, wollte er ihnen auf jeden Fall helfen, wenn die Welle das Ufer erreichte. Er wusste nur noch nicht wie. Lediglich einen Feuerwehrschlauch erspähte er an einer Wand. Vorsorglich rollte er ihn schon von seiner Halterung ab. Dann schoss die Welle ins Landesinnere. Sowohl das Erdgeschoss, als auch die erste Etage »seines« Hotels, welches sich 500 Meter vom Strand entfernt befand, waren komplett vom Wasser überflutet.

Mein Lebensretter in spe wunderte sich, dass kein Mensch mehr zu sehen war. Noch gerade eben war der Strand voller Menschen gewesen, doch nun sah er nur noch Wasser und Trümmer. Als er nun meine Hilferufe hörte, knüpfte er eine Schlaufe aus dem Ende des Schlauches, band sich diese um sein Handgelenk und sprang unter Einsatz seines Lebens ins Wasser. Allerdings übersah er, dass das Wasser unter ihm mit Trümmern der bereits zerstörten Hotels und Bungalowanlagen gesäumt war. Er ignorierte seine Fußverletzung, die er sich beim Aufprall auf ein Trümmerteil zuzog. Stattdessen hechtete er meinem bewusstlosen Körper, der bereits auf dem Weg zum Ozean war, hinterher.

Augenblicklich bin ich hellwach, denn ich weiß: Das ist meine Rettung. Allerdings bin ich doch sehr stark erschöpft. Ich schlafe wieder ein.

Ein Ruck an meinen Armen lässt mich wieder aufwachen. An meinen beiden Handgelenken umfasst, werde ich aus dem Wasser gezogen und über eine Brüstung gehievt. Ich befinde mich in dem Hotel meines Lebensretters. Anschließend setzt man mich an eine Wand. Meine Retter kümmern sich aufgeregt um weitere Verletzte. Im Hintergrund höre ich Stimmen, ohne dabei bestimmte Wörter zu erkennen. Nun sitze ich irgendwo im Trockenen.

Ich fühle mich sicher, bemerke aber sehr schnell, dass ich extrem außer Atem bin. Zu meiner Zeit als Leistungssportler kannte ich ähnliche Zustände. Nach einer Konditionseinheit im Training oder nach einem anstrengenden Punktspiel war ich schon diverse Male so erschöpft gewesen, dass ich nur noch nach Luft rang. Mein Kopf war dann jedes Mal leer und es ging nur noch darum, dem Körper möglichst viel Sauerstoff zukommen zu lassen. Nun hechele ich wieder.

Der Unterschied zu meinen früheren Sporterfahrungen ist aber der, dass jetzt mein Körper überhaupt nicht aufhören will nach Sauerstoff zu verlangen. Ich ringe ununterbrochen nach Sauerstoff, und traue mich nicht, auch nur einen einzigen Atemzug auszulassen, aus Angst sonst zu sterben. Alles dreht sich nur darum, möglichst viel Sauerstoff in meine Lungen einströmen zu lassen. Zwischendurch wundere ich mich immer wieder, warum dieser Zustand nicht endlich aufhört.

Im Nachhinein erklärte ich mir diesen Zustand damit, dass ich offenbar die letzten 20 Prozent Reserve meiner Leistungsfähigkeit nahezu aufgebraucht hatte. Normalerweise stehen dem menschlichen Körper nur 80 Prozent seiner Leistungsfähigkeit zur Verfügung. Lediglich in lebensbedrohlichen Situationen oder unter Einfluss von gewissen Dopingmitteln eröffnen sich dem Körper die besagten 20 Prozent an Reserve.

Es müssen einige Minuten vergangen sein, bis ein paar Menschen mich etwa fünf Meter weiter auf eine Art offenen Flur tragen. Unbeteiligt registriere ich, dass sich nun ungefähr zehn Personen in meiner näheren Umgebung befinden. Ein paar wenige sind wohl verletzt, die anderen kümmern sich um sie, beziehungsweise organisieren eine Art Notfallplan. Auf einmal sehe ich neben mir Michaela.

»Du lebst?!«, rufe ich ihr gleichermaßen erstaunt und überglücklich zu.

Ich habe nicht damit gerechnet, dass auch nur eine weitere Person dieses Horrorszenario überleben könnte. Und dann ist diese Person auch noch Michaela. Ich bin überglücklich, muss aber nun wieder schnellstens dafür sorgen, dass ausreichend Sauerstoff in meine Lungen kommt. Ich bin immer noch nicht in der Lage, mich um etwas anderes zu kümmern, als um meine Atmung. Michaela fängt nun an, mir ein Handtuch, welches ihr von einer weiteren Helferin gereicht wird, auf meinen Kopf und an mein Kinn zu drücken. »Was soll das nur«, denke ich, »gibt es hier nichts Wichtigeres zu tun?« Ich habe keine Schmerzen an diesen Stellen und ich kann auch nicht feststellen, dass ich dort bluten würde.

Wir befinden uns alle im zweiten Stock des Hotels. Einige der Helfer sind offenbar Hotelgäste, die den Tsunami unbeschadet überstanden haben. Sie erblicken eine Abstellkammer, in der sich Putzutensilien für die Zimmerreinigung und frische Bettwäsche und Handtücher befinden.

Man legt mir ein Handtuch über meine Genitalien, da die Welle mir meine Badehose ausgezogen hat, was ich aber jetzt erst bemerke. Der Badeanzug von Michaela hängt ihr nur noch in Fetzen am Körper. Ein paar Meter neben mir schreit eine Frau. »Sie scheint schwer verletzt zu sein, im Gegensatz zu mir«, denke ich. Schon wieder drückt man mir ein Handtuch ins Gesicht. Ich wundere mich nur, was das bloß soll. Langsam kommt mein Atem ein wenig zur Ruhe. Und so langsam fange ich auch an, meinen Körper zu spüren. Mein linkes Innenknie schmerzt stechend. Aus meiner Berufserfahrung heraus diagnostiziere ich mir einen Innenbandriss im linken Knie. »Na ja, nicht so schlimm«, denke ich. »Dann kann ich halt nicht durch die Nationalparks wandern.

Aber am Strand meine Verletzung auskurieren, dem steht eigentlich nichts im Wege. Ob ich nun zu Hause auf dem Sofa liege oder in Thailand am Strand, dies sollte meinem Knie egal sein.«

Da ich noch knapp drei Wochen Urlaub vor mir habe, könnte ich unter Umständen zu Hause wieder wie gewohnt arbeiten. Wenn es ganz schlimm kommt, muss ich vielleicht noch eine oder maximal zwei Wochen zusätzlich pausieren. Dann entdecke ich an meiner rechten Körperflanke ein etwa handballgroßes Hämatom. Schlagartig werde ich hellwach, denn ich habe nur eine Erklärung dafür: Es muss sich um einen Nierenriss handeln mit einer entsprechenden Einblutung in der Körperhöhle. Es gibt nur eine Lösung. Ich muss umgehend notfallmedizinisch versorgt werden.

»Schnell, schnell! Ich habe einen Nierenriss und muss sofort operiert werden! Sonst verblute ich innerlich!« Doch der Blick meines Lebensretters spricht Bände. Anscheinend gibt es keine Möglichkeit mich zu einem Krankenhaus zu fahren. Ich weiß nicht warum, habe aber das Gefühl, den umstehenden Personen glauben zu können. Alle Nichtverletzten bemühen sich ständig und intensiv um uns Verletzte. Eine zufällig anwesende deutsche Krankenschwester organisiert die Versorgung der Unfallopfer. Sie weist die Helfer in ihre Aufgaben ein. Es wird quasi nach einem Notfallplan gearbeitet. Zuerst werden die am schwersten verletzten versorgt. Offenbar gibt es noch zwei oder drei Personen, die noch schlimmer dran sind als ich. Alle arbeiten für mein Empfinden sehr professionell und effektiv, obwohl sie über keinerlei medizinische Gerätschaften, Verbandsmaterial oder Medikamente verfügen. Wenn es eine Möglichkeit geben sollte, mich in ein Krankenhaus zu bringen, so würden sie es mit Sicherheit tun. Da mich aber mehr und mehr Panik überkommt, versuche ich noch deutlicher auf meine Lage hinzuweisen. Keine Reaktion. Mir scheint es so, als ob wir auf einer Insel gefangen wären und keine Chance hätten, diese zu verlassen. Ich versuche meinen Kreislauf gefühlsmäßig zu überprüfen, um festzustellen, ob ich einen Blutdruckabfall habe. Dies wäre für mich der ultimative Beweis, innerlich zu verbluten. Aber, glücklicherweise, ein Blutdruckabfall macht sich nicht bemerkbar. Die Haut spannt stechend über dem Bluterguss.

Unerwartet macht sich auf einmal Panik unter den Helfern breit. Es geht das Gerücht um, dass eine zweite Welle im Anmarsch sei. Die Helfer entscheiden, dass wir alle auf dem Dach des Hotels Zuflucht suchen sollten. Ein Problem ist offensichtlich mein Transport dorthin. Noch immer bemerke ich nicht, dass ich nahezu vollkommen bewegungsunfähig bin. Einer der Helfer bricht eine Tür aus der Verankerung. Diese Tür dient als Trage für mich. Ich weiß zwar nicht wie, aber diese emsigen Helfer schaffen es, dass wir uns alle auf dem Dach einfinden können. Da ich mich nicht bewegen kann, bekomme ich von dem ganzen Geschehen optisch überhaupt nichts mit. Ich sehe lediglich ein paar Dachziegel und blauen Himmel. Daher orientiere ich mich an dem Stimmengewirr. Abwechselnd heißt es:

»Die Welle kommt! Die Welle kommt!« »Nein, da kommt keine Welle!« »Die Welle ist viel größer!« »Die Welle ist viel kleiner!«

Ich dagegen höre manchmal ein lautes und dann ein weniger lautes Rauschen. Auf alle Fälle sind wir während dieser Zeit an einem sicheren Ort. Kein Wasser erreicht uns.

Dann lassen die Warnungen über weitere Wellen nach. Doch vorerst traut sich niemand das Dach zu verlassen. Ich bin immer noch besorgt bis panisch erregt über meinen vermeintlichen Nierenriss.

»Bitte, bitte, bringt mich in ein Krankenhaus!«

Aber so sehr ich auch flehe, meinen Helfern sind die Hände gebunden. Ich versuche zu verstehen, dass die allgemeine Lage sehr ungewiss bis chaotisch ist.

Ich weiß nicht, wie lange es dauerte, aber nun fangen meine Helfer an, den Abtransport der anderen Verletzten und mir vorzubereiten. Die Tür, mit der man mich auf das Hoteldach getragen hat, dient wieder als Transportmittel. Da inzwischen das Wasser aus dem Hinterland abgeflossen ist, können meine Retter mich bis in das Erdgeschoss tragen. Von dort aus bringt man mich zirka fünfzig Meter weiter ins Hinterland. Hier muss früher mal ein Weg oder eine Straße gewesen sein, denn ab und an fahren ein paar Autos vorbei. Allerdings besteht meine Umgebung nun aus Sand und Schlick. Mit den Worten: »Du wirst gleich ins Krankenhaus gebracht«, gehen meine Helfer zurück ins Hotel, um sich den anderen Verletzten zu widmen. Michaela kann mich wegen ihrer Verletzungen nicht begleiten. Außerdem wurde von den Helfern entschieden, dass sie zunächst – wie auch immer – vor Ort medizinisch versorgt werden solle.

Ich liege an dem ehemaligen Straßenrand auf der als Trage dienenden Tür. Die Sonne scheint und verbreitet eine wohlige Wärme. Ich versuche nach Autos und Menschen Ausschau zu halten, die mir eventuell helfen könnten. Aber die Menschen sind zu weit weg, um nach ihnen zu rufen, und die Autos fahren immer nur hektisch an mir vorbei. Ein paarmal döse ich ein. Immer wenn ich aufwache, sehe ich dieselbe Situation. Irgendwann steht wie aus dem Nichts ein Mann neben mir, schätzungsweise fünfzig Jahre alt.

»Please, can you help me?«, frage ich ihn.

»Ich bin der Besitzer des Hotels«, antwortet er mit Tränen in den Augen und zeigt in Richtung »Similana«. »Gut, ein Deut-

scher«, denke ich, »das macht die Kommunikation einfacher.«
Leider muss ich feststellen, dass dieser Mann äußerst geschockt ist.
Nahezu teilnahmslos redet er mit mir. So etwas hatte ich bislang
noch nicht erlebt. Da spricht jemand, offensichtlich von meinen
Helfern geschickt, zu mir, aber es ist mir vollkommen egal, was
er sagt. Ich will nur Taten, sprich meinen baldigen Abtransport,
sehen. Seine Betroffenheit und seine Verstörtheit, die ich sehr
wohl registriere, interessieren mich überhaupt nicht. Immer und
immer wieder versuche ich ihm klarzumachen, dass ich schnellstens professionelle medizinische Hilfe brauche.

»Bringen Sie mich in ein Krankenhaus!«

Keine Antwort.

»Fragen Sie den Fahrer dort, ob er noch einen Platz für mich
frei hat!«

Wieder keine Antwort.

»Halten Sie das Auto an!«

Erneut keine Reaktion des Mannes.

Mir kommt es so vor, als ob er zwar meine Worte hört, sie aber
nicht versteht. In meiner Verzweiflung ziehe ich meinen letzten
Trumpf:

»Bitte sorgen Sie für meinen Abtransport ins nächste Krankenhaus oder wollen Sie für meinen Tod verantwortlich sein?«

Das sitzt. Aufgeregt sucht er mit seinen Augen nach einer
Transportmöglichkeit für mich. Ich döse wieder ein. Als ich aufwache, sehe ich den Mann immer noch neben mir stehen – und
einen stoppenden Van. Die Heckklappe wird geöffnet und sofort
sammeln sich mehrere Menschen um den Wagen.

»Das ist meine Chance«, denke ich mir, »da musst du mit-
fahren.« Allerdings kann ich mich immer noch nicht bewegen
und bin auf fremde Hilfe angewiesen. Erneut ziehe ich meinen
halbwegs bewährten letzten Trumpf. Der Mann signalisiert mir

geistesabwesend, dass alles vorbereitet sei und ich mitkäme. Ich zweifele am Wahrheitsgehalt dieser Aussage. Wiederholt setze ich den Mann unter Druck. Trotz meines miserablen Zustandes weiß ich, dass ich mit der Art meiner Bitte ziemlich verletzend und ungerecht bin. Aber es geht um mein Leben und da sind mir alle Mittel recht.

Ein Wunder geschieht. Tatsächlich lädt man mich in das Auto ein. Neben mir krümmt sich eine Frau vor Schmerzen und schreit wie am Spieß. Ich vermute eine Rückenverletzung. Wie ich Monate später erfuhr, wurde die Frau, eine Schwedin, ebenso wie ich nach dem Tsunami im »Similana« betreut. Sie hatte unter anderem eine schwere Knieverletzung. Mein Lebensretter befürchtete den Verlust ihres Beines.

Außerdem befindet sich im rückwärtigen Teil des Wagens noch ein Deutscher. Er scheint nur leicht verletzt, da er sich schmerzfrei bewegen kann. Lediglich eine Kopfplatzwunde ist für mich bei ihm auszumachen. Dieser Mann steht gehörig unter Schock. Immerzu stammelt er:

»Meine Frau! Meine Frau! Wo ist meine Frau?«

Die ganze Situation überfordert mich. Da schreit die Schwedin rechts neben mir unaufhörlich vor Schmerzen, links von mir weint der Deutsche um seine Frau und mittendrin liege ich, der befürchtet, jede Sekunde sterben zu können.

Der Wagen, gefahren von einem Thai, setzt sich in Bewegung. Neben ihm sitzt ein Amerikaner, der das Kommando übernimmt und ihm die Fahrstrecke erklärt.

»We are going to Phuket«, teilt uns der Amerikaner mit.

»How long will it take?«, frage ich ihn.

»It will take us one and a half hour«, antwortet er.

Der Tsunami hat die Straßen in eine Sand- und Schlammwüste verwandelt. Somit ist kein geordneter Verkehr mehr möglich.

Zudem herrscht schon nach wenigen Metern Fahrt ein heilloses Chaos auf den Straßen. Unglaublich viele Autos sind unterwegs und das in sämtlichen Himmelsrichtungen. Dadurch muss unser Fahrer ständig ausweichen und anhalten. Jedes Abbremsen und Anfahren verursacht bei der Schwedin und mir qualvolle Schreie. Entweder sind es unsere Schreie, vielleicht aber auch das Fahrverhalten des Thais, was den Amerikaner veranlasst, das Fahren jetzt selbst zu übernehmen. Doch auch er kann das Fahrzeug nicht viel ruhiger fahren. Zumindest aber scheint es mir, dass die Fahrt nun etwas schneller vonstatten geht und es bis zum Krankenhaus nicht mehr weit ist. Der Verkehr wird dichter. Langsam aber sicher nähern wir uns Phuket. Im gleichen Maße werde ich auch ungeduldiger. Endlich da. Der Amerikaner muss das Auto etwa 50 Meter vom Krankenhaus entfernt parken, da er sonst mitten in einem Verkehrschaos landen würde. Er springt aus dem Wagen und läuft zum Krankenhauseingang. Nach wenigen Minuten ist er wieder zurück.

»The hospital is full. We are going to another hospital. It will take us about twenty minutes.«

Gott sei Dank ist der Amerikaner ortskundig. Er steuert das nächste Krankenhaus an. Von Straßenverkehr kann nun nicht mehr die Rede sein. Es ist, als ob wir uns inmitten der Rushhour befinden würden. Wir fahren in eine Seitenstraße, mitten in einen Verkehrsstau.

Endlich im Krankenhaus

Dieser Verkehrsstau umfasst ungefähr 50 Autos, die vor dem Krankenhauseingang kreuz und quer parken. Einige Autos stehen verlassen herum. Aus anderen werden Verletzte in das Krankenhaus gebracht. Genau so viele Menschen wie hinein gehen, kommen auch heraus. Unterlegt wird das ganze Geschehen von schreienden Verletzten und weinenden Angehörigen. Doch ich fühle mich sicher. Endlich bin ich am Krankenhaus angekommen. Sofort springen der Thai und der Amerikaner aus dem Auto und organisieren unsere Einlieferung. Ich wundere mich, wie schnell ich durch das Wirrsal in den Eingangsbereich des Krankenhauses transportiert werde. Doch ich komme lediglich vom Regen in die Traufe. Alle laufen wild und scheinbar ziellos durcheinander. Für mich ist in keiner Weise zu erkennen, ob es sich um Angehörige der Opfer oder um Krankenhauspersonal handelt, da niemand einen weißen Kittel trägt.

Trotzdem schaffen es die Helfer, mich in einen vielleicht 100 qm großen Raum zu bringen. Die Liegen mit all ihren Verletzten stehen kreuz und quer durcheinander. Mittendrin findet man eine freie für mich. Mit einem »Thank you!« bedanke ich mich bei meinem Fahrer und meinem Träger, die zügig zurück zum Auto laufen.

Neben mir liegt ein etwa 60-jährigen Thai. Um ihn herum stehen fünf, sechs Personen, die sich um ihn kümmern. Höchstwahrscheinlich sind es Angehörige des Mannes und Krankenhausmitarbeiter. Was ich zu diesem Zeitpunkt noch nicht wissen kann, ist, dass, obwohl ich nicht ein einziges Wort mit diesem Mann wechseln soll, ich ihn in den nächsten Jahren mindestens 1000 Mal in meinen Flashbacks wieder sehen würde. Im ersten Jahr nach dem Tsunami sogar mehrmals täglich.

Urplötzlich wird es hektisch. Dem Thai wird seine Bekleidung vom Körper gerissen. Ich kann erkennen, dass sein rechter Unterschenkel komplett durchgebrochen ist. Sein Unterschenkel hat einen Knick von neunzig Grad. Nur die Haut hält das Bein noch zusammen. Die Helfer beginnen mit einer Herzdruckmassage.

Der Thai wirkt ganz ruhig und entspannt. Ich frage mich, warum so eine Hektik veranstaltet wird. Nun kommt ein Defibrillator zum Einsatz. Ich werde Zeuge, wie der Brustkorb des Thais bei den Elektroschocks wieder und wieder von der Liege abhebt. Die Hektik wird von Sekunde zu Sekunde größer. Einige Helfer fangen an zu schreien. Unerwartet wird es ganz ruhig und still. Ein Helfer legt ein weißes Tuch über das Gesicht des Thais und fährt ihn aus dem Raum. Die anderen Menschen, die sich um ihn gekümmert haben, entfernen sich schluchzend. Augenblicklich werde ich aus meinem Dämmerzustand gerissen und bin hellwach. Nein, das Schicksal dieses Thais will ich nicht teilen. Ich will hier nicht sterben. Ich habe es bis in ein Krankenhaus geschafft. Den Rest schaffe ich auch noch.

Es scheint ein Arzt den Raum zu betreten, zumindest wirkt er aufgrund seines Habitus' so auf mich. Ich ergreife meine Chance, gestikuliere wild mit einem Arm und schreie so laut ich kann:

»Doctor! Doctor! Please come! Help me please!«

Er sieht mich und kommt auf mich zu. Ich zeige auf den handballgroßen Bluterguss an meiner rechten Körperflanke:

»I think, my right kidney is cut. Can you make a sono please?« Der Arzt scheint mir sichtlich erleichtert, in diesem wilden Durcheinander endlich eine klare Anweisung erhalten zu haben. Er nimmt schnell meine Personalien auf, fragt noch nach meinen weiteren Verletzungen und schiebt mich in die Untersuchungsabteilung zur Kernspintomographie und Sonographie.

War bis jetzt doch alles unübersichtlich und chaotisch, so trete ich nun in eine neue Welt ein. Die Untersuchungsabteilung ist absolut ruhig. Von Hektik ist für mich hier überhaupt nichts zu spüren. Besonders beeindruckt mich der Standard der Untersuchungsgeräte. Es scheint alles auf dem neuesten Stand zu sein.

Auch wenn die Untersuchungen mir unendlich lang vorkommen, fühle ich mich hier sehr gut aufgehoben. Sollte sich jetzt mein Zustand verschlechtern, so wird mir mit Sicherheit effizient geholfen werden. Nachdem die Untersuchungen abgeschlossen sind, werde ich wieder auf einer Liege zurück in den großen Raum geschoben. Der Arzt von vorhin hat die Bilder der Untersuchungen in der Hand:

»Your kidney is okay«, gibt er Entwarnung. »We have to transfer you to another hospital.«

»Why?«

»This hospital is just for emergency.«

Ich weiß zwar nicht, was ich in einem anderen Krankenhaus soll, aber ohne Kleidung, Ausweispapiere und Geld wäre meine Situation in »Freiheit« nicht unbedingt besser. Zu meiner Verwunderung will er mir einen Blasenkatheter legen.

»Why? It's not necessary.«

»No, no, it's better for you.«

Ich denke kurz nach – ja, wenn das Krankenhaus, in das ich verlegt werden soll auch so voll ist wie dieses, gibt es bestimmt Staus vor den Toiletten. Deshalb stimme ich der Prozedur zu, obwohl ich immer noch der Ansicht bin, aufstehen zu können.

Von der Fahrt ins nächste Krankenhaus habe ich überhaupt nichts registriert. Als ich zu mir komme, liege ich schon wieder in einem Untersuchungszimmer. Ein Arzt fragt nach meinen Personalien und gleicht sie mit seinen Unterlagen ab. Als meine Eingangsuntersuchung abgeschlossen ist, ruft er einen Krankenpfleger zu sich, zeigt auf mich und sagt:

»Observation«, was besagt, dass ich zur Beobachtung im Krankenhaus bleiben und in ein Krankenzimmer gebracht werden soll. Ich will gerade einen Schluck aus meiner mühsam erbettelten Wasserflasche nehmen, als diese mir von dem Krankenpfleger aus der Hand gerissen wird. Erbost frage ich warum und erhalte als Antwort:

»Operation!«

Hektisch erwidere ich: »No, no! Observation!!«,

worauf ich wieder zu hören bekomme: »No, no. Operation.«

Bevor die Fahrstuhltür aufgeht, kann ich in allerletzter Sekunde den Krankenpfleger überreden, beim Arzt nachzufragen ... Ich habe Recht und werde zur »Observation« in ein Krankenzimmer geschoben. Nicht auszumalen, was im Operationssaal passiert wäre. Was bitte schön hätte denn an mir operiert werden sollen? Schließlich warte ich ja nur noch auf meinen Rückflug nach Deutschland. Laut Untersuchungsergebnis ist wohl auch soweit alles bei mir in Ordnung. Ich habe scheinbar nur ein paar größere Prellungen »von Hacken bis Nacken« und, nach meiner Eigendiagnose, einen Innenbandriss im linken Knie.

Allein in Thailand

Da ist er wieder, dieser klare Moment. Nur ganz kurz im Bewusstsein vorhanden, doch es kommt mir so vor, als ob die Zeit steht. In diesem Augenblick sind Vergangenheit, Gegenwart und Zukunft eins. Oftmals erhalte ich in diesen Momenten Problemlösungen oder sehe Bilder aus meinem zukünftigen Leben. Doch diesmal verhält es sich anders: Haargenau dasselbe Gefühl hatte ich vor vier Tagen. Damals befand ich mich im Zug von Bremen nach Frankfurt. Der Zug hatte mittlerweile eine Stunde Verspätung. Normalerweise ist das kein Problem für mich, denn schließlich hatte ich ja Urlaub. Doch dieser Zug sollte Michaela und mich zum Flughafen bringen, von wo aus wir nach Thailand fliegen wollten. Eine unendliche Ruhe überkam mich. Dann fliegen wir halt nicht nach Thailand, sondern verbringen unseren dreiwöchigen Urlaub zu Hause in Deutschland. Vielleicht fahren wir für ein paar Tage in den Harz. Dort ist es auch schön. Ja, es ist bestimmt ein Wink des Schicksals. Höchstwahrscheinlich wird das Flugzeug abstürzen. Gott hat aber ein Einsehen mit uns und lässt uns das Flugzeug verpassen. So soll es wohl sein. Ich hatte sowieso schon mehrmals Bedenken, ob wir nach Thailand fliegen sollten. Im Vorfeld gestaltete sich nämlich die Buchung unserer Übernachtungsmöglichkeit äußerst widerspenstig. An die 90 Mal unternahm ich Versuche, in verschiedenen Hotels Übernachtungen zu buchen. Jede freie Minute nutzte ich während meiner prallgefüllten Arbeitstage, mit thailändischen Hoteliers Kontakt aufzunehmen. Es war wirklich deprimierend immer nur als Antwort zu hören:

»Sorry, were are fully booked.«

Der Flug war schließlich schon gebucht, aber anscheinend gab es keine freien Hotelbetten mehr an Thailands Traumstränden. So manches Mal war ich kurz davor die Flugtickets zu stornieren. Doch der Glaube daran, dass ein arbeitsintensives Jahr mit einem Traumurlaub belohnt wird, war größer. Kamen während der Versuche ein Hotelzimmer zu buchen immer wieder Zweifel auf überhaupt eine Fernreise zu unternehmen, so war die Freude bei mir doch sehr groß, als ich endlich die Hotelreservierung in meinen Händen hielt.

»Richtig«, dachte ich mir, »man muss nur intensiv für eine Sache kämpfen, damit man auch erfolgreich ist.« Was mir zu diesem Zeitpunkt überhaupt nicht bewusst gewesen ist, ich hatte in den letzten Jahren nur noch gekämpft. Vor allem hatte ich gegen mich und meine Gesundheit gekämpft. Immer und immer wieder ignorierte ich die Signale meines Körpers. Für mich gab es nur Arbeit und beruflichen Erfolg. Ich hetzte von Termin zu

Termin, setzte mich unter Dauerstress. Privatleben und Entspannung waren nicht vorhanden. Viel schlimmer noch, wenn mir einmal ein paar freie Stunden zu Verfügung standen, wusste ich überhaupt nichts damit abzufangen. Mein Leben bestand nur aus Arbeit und Urlaub, wobei der Urlaub deutlich zu kurz kam. Ich war geradezu dabei, mich durch das Kämpfen um vermeintlich wichtige Ziele selbst zu zerstören. Erst ein paar Jahre später lernte ich, dass nur mit genau der gegenteiligen Vorgehensweise und Lebenseinstellung sich die wirklichen Ziele erreichen lassen ...

Die Verspätung des Zuges nach Frankfurt hielt sich dann aber doch in Grenzen. Trotzdem traute ich dem Braten nicht und gab mir die allergrößte Mühe das Flugzeug zu verpassen. Gemütlich schlenderten wir in Richtung »Check-in-Schalter«. Wir erhielten unsere Reiseunterlagen und gingen in die Wartehalle. Da mir meine innere Stimme mehrmals sagte, dass ich doch besser nicht fliegen solle, um einer Flugzeugkatastrophe zu entgehen, schaute ich mir ganz genau unsere Mitreisenden an. Je mehr Passagiere ich sah, desto mehr verschwanden meine Zweifel. Ich entdeckte fast ausnahmslos nur sympathische Menschen. Da Michaela und ich uns unseren Urlaub mehr als verdient hatten, war ich mir sicher, dass dieses Flugzeug mit diesen Passagieren nicht abstürzen würde. Was nicht heißen soll, dass Flugzeuge nur abstürzen, wenn ausschließlich unsympathische Menschen an Bord sind. Doch aufgrund der netten Gesichter fühlte ich mich einfach wohl und meine Befürchtungen lösten sich in Luft auf. Unser Traumurlaub konnte also beginnen. Seit Monaten war ich das erste Mal wieder halbwegs entspannt. Die Vorfreude wurde größer und größer.

»Wird das schön werden«, dachte ich mir. »Endlich können Michaela und ich mal wieder ein Privatleben führen, gemeinsam tolle Sachen machen.« Nachdem wir sicher in Phuket gelandet waren, glaubte ich einen vollkommen entspannten Urlaub vor mir zu haben.

Jetzt bin ich jedoch alles andere als entspannt. Noch immer bin ich kurzatmig und erschöpft von der vielleicht 30 Sekunden dauernden körperlichen Anstrengung im Wasser. Ich bin eine Mischung aus Schock, Schmerz und Adrenalin. Es ist irgendwann am Nachmittag des 26. Dezembers 2004 und ich liege in irgendeinem Krankenhaus irgendwo in Phuket. Es ist ruhig. Nichts mehr zu spüren von dem Lärm und der Hektik der vergangenen drei, vier oder fünf Stunden.

Das Zimmer ist hell, sauber und recht groß. Höchstwahrscheinlich handelt es sich um ein Doppelzimmer. Mal schauen, wer mir als Nachbar noch zugewiesen wird. Ich erblicke einen Fernseher und will nun endlich wissen, was passiert ist. Unsinnigerweise liegt die Fernbedienung auf dem Gerät. Zum Glück entdecke ich eine Notrufklingel. Kaum habe ich diese betätigt, höre ich eine Stimme:

»Yes, hello?«

Ich schaue mich im Zimmer um, aber niemand ist zu sehen.

»Yes, hello?« spricht es wieder und ich bemerke einen Lautsprecher an der Wand.

»Please, can you bring me some water?« antworte ich ihm.

»Just a moment please.«

Wenig später kommt eine Krankenschwester zur Tür herein, bringt mir eine Flasche Wasser und gibt mir auf meine Bitte hin die Fernbedienung des Fernsehers.

»Please, I would like to talk to a doctor.«

Die Krankenschwester erwidert, dass sämtliche Ärzte sich zurzeit in den Operationssälen befinden. Das muss ich wohl akzeptieren. Sie verlässt mein Zimmer und ich schalte den Fernseher ein. Auf allen Kanälen werden Bilder von Verletzten und zerstörten Häusern und Landschaften gezeigt. Nach zirka einer Minute schalte ich den Fernseher wieder aus. Ich kann mich kaum auf die Bilder konzentrieren. Mein Kopf dröhnt, mein linkes Bein und mein Hämatom schmerzen unaufhörlich. Ich will hier raus und außerdem muss ich wissen, wie es Michaela geht. Ich will aufstehen, doch muss ich feststellen, dass ich mich überhaupt nicht bewegen kann. Jetzt verstehe ich auch, warum mir im ersten Krankenhaus ein Blasenkatheter gelegt wurde. Ich will trotzdem raus. Aber was kann ich außerhalb des Krankenhauses ohne Kleidung, Geld und Ausweis eigentlich machen? Ich stelle fest, dass ich hier gefangen bin und niemand weiß, wo ich bin. Meine noch vor ein paar Minuten vorhandene Freude über mein schönes Zimmer weicht einer immer größer werdenden Panik.

Plötzlich klopft es an der Tür. Ein freundlich aussehender Mann betritt mein Zimmer und stellt sich vor: Er sei Amerikaner und arbeite als Lehrer in Phuket. Eigenmächtig ist er dabei, eine Liste der Überlebenden zu erstellen, um diese im Internet zu veröffentlichen.

»Großartig«, denke ich, »jetzt wird mir geholfen werden.«

Er nimmt meine Personalien auf und beantwortet meine Fragen: Soviel er weiß, hätte der Tsunami etwa 100 Tote und 1000 Verletzte gefordert. Aber wohl nicht nur Thailand, auch Indien und Sri Lanka seien betroffen. Außerdem sei der Flughafen von Phuket gesperrt worden, da noch weitere Tsunamis erwartet würden. Da ich mich im fünften oder sechsten Stock befinde, fühle ich mich sicher vor weiteren Tsunamis. Aber ich will hier raus und so schnell wie möglich zurück nach Deutschland. Doch dafür benötige ich Hilfe. Der Amerikaner kann mir nicht weiterhelfen, was ich auch verstehe. Da entdecke ich ein Telefon auf meinem Nachtschrank. Auf meine Bitte hin erkundigt sich der Amerikaner, welche Tasten ich zu betätigen habe, um mit der Zentrale verbunden zu werden. Außerdem veranlasst er, dass ich ein Medikament gegen meine Schmerzen bekomme und nennt mir den Namen dieses Krankenhauses: »Phuket International Hospital«. Das klingt nach gehobenem Standard.

Die Kommunikation mit dem sporadisch vorbeischauenden Krankenhauspersonal erweist sich als schwierig. Offensichtlich sind die Englischkenntnisse der Bediensteten sehr gering. Zudem betonen die Thailänder die englischen Wörter vollkommen anders, als ich es gelernt habe. Unterm Strich steht jedenfalls für mich, dass ein Verstehen des Gegenübers auf purem Zufall basiert. Jetzt probiere ich das Telefon aus und wähle die mir vom Amerikaner mitgeteilte Nummer. Sofort meldet sich zu meiner Überraschung eine freundliche Stimme, die mich sogar versteht. Ich nenne ihr eine Telefonnummer aus Deutschland, ohne genau zu wissen, wem sie gehört. Voller Vorfreude erwarte ich das Gespräch mit der Heimat und eine daraus resultierende rasche Hilfe. Die Ernüchterung folgt auf dem Fuß: Es ist keine Verbindung nach Deutschland möglich. Die nächsten zwanzig Versuche enden immer in derselben Sackgasse. Ich bekomme Fieber. Mein vor gar nicht allzu langer Zeit gefühlter Optimismus schlägt um in purer Verzweiflung. Ich muss registrieren, dass es mir richtig schlecht geht. Ich bekomme Todesangst. Nein, hier will ich nicht sterben! Irgendwo habe ich noch die Hoffnung auf Hilfe. Zwischendurch schalte ich immer wieder den Fernseher an, um Informationen zu erhalten. Ich weiß aber nicht, nach was für Informationen ich suche, und nach maximal einer Minute fernsehen ist meine Konzentration auf dem Nullpunkt angelangt. Wie geht es wohl Michaela? Wo mag sie sein? Hoffentlich gab es nicht noch einen weiteren Tsunami. Ob Michaela weiß, wo ich mich jetzt befinde? – Genau, ich versuche ihre Eltern anzurufen! Wenn sie die Möglichkeit hat, wird sie sich dort mit Sicherheit gemeldet haben. Und ich habe noch eine gute Idee: »Please can you give me a direct phone number for calls to germany,« frage ich die Telefonistin.

Juchhu! Ich habe eine Direktwahlnummer für Deutschland erhalten. Ich wähle mir fast die Finger wund. Endlich, der erste telefonische Kontakt steht. Es müsste in Deutschland eigentlich schon mitten in der Nacht sein, aber das ist mir egal. Ich fühle, dass es mittlerweile um mein Leben geht. Immer mehr Telefonnummern von Freunden und Bekannten fallen mir ein. Ich tippe mir fast die Finger wund, ohne zu wissen, wen ich eigentlich anrufe. Von ca. 10 bis 20 Versuchen komme ich einmal durch. Einerseits ist es sehr schön für mich mit Freunden zu telefonieren, andererseits erfahre ich niederschmetternde Resultate: Die Mitarbeiter der Deutschen Botschaften in Bangkok und in Phuket sind entweder telefonisch nicht zu erreichen oder bedauern, nicht helfen zu können. Zwischendurch bricht immer und immer wieder das Telefonnetz zusammen. Endlich erreiche ich Michaelas Eltern. Ich teile ihnen den Namen des Krankenhauses mit, in dem ich mich befinde. Das Wichtigste aber: Vor ein paar Minuten rief Michaela bei ihnen an. Es geht ihr wohl ganz gut und sie ist mit einer Gruppe von Überlebenden auf dem Weg nach Bangkok. Ich bin mir sicher, Michaela wird Bangkok erreichen. Sie kann sich in solchen Situationen durchschlagen. Also, nun muss ich zusehen, dass ich auch nach Bangkok komme. Außerdem bitte ich Michaelas Eltern bei meiner Mutter anzurufen und ihr mitzuteilen, dass es mir gut geht.

Die Zeit schlägt inzwischen Kapriolen, mein Gesundheitszustand und meine seelische Verfassung kennen momentan nur eine Richtung: abwärts. Ich kann nicht mehr. Ich will jetzt auch nicht mehr telefonieren. Mir kann ja sowieso keiner mehr helfen. Ich schalte den Fernseher ein, um ihn gleich wieder auszuschalten. Mein Telefon klingelt. Der Lebensgefährte von Michaelas Schwester meldet sich. Er hat selbst schon mehrere Male in Thailand seinen Urlaub verbracht. Eine große Erleichterung durchströmt meinen Körper. Als erstes erfahre ich von ihm, dass ich im »Phuket General Hospital« liege, und nicht, wie der Amerikaner behauptete, im »Phuket International Hospital«. Diese Information will der »Schwager« nun an meine Freunde und Bekannten weitergeben.

»Gut«, denke ich, »von jetzt an bin ich erreichbar.«

Ansonsten bringt mich aber der Inhalt des Telefonats wieder ganz schnell auf den Boden der Tatsachen zurück. Sämtliche Flugverbindungen von Deutschland nach Thailand wurden gestrichen und die Deutsche Botschaft hilft auch nicht weiter. Einziger Hoffnungsschimmer: meine Auslandskrankenversicherung. Vielleicht kann die ja weiterhelfen. Ach ja, meine Scheckkarte befindet sich nebst meinen anderen Wertsachen noch irgendwo am Strand von Khao Lak. Ich bitte darum, meine Kreditkarte sperren zu lassen. Wir beenden das Telefonat. Meine Zuversicht setze ich nun auf meine Auslandskrankenversicherung. Eigentlich wollte ich so etwas gar nicht abschließen. Denn es war mein Ziel, mich im Urlaub zu erholen, und nicht, krank zu werden. Außerdem sagte Michaela mir immer, dass, wenn ich mit ihr in den Urlaub fliege, das Flugzeug nicht abstürzen wird. Ich glaubte ihr zwar, aber man weiß ja nie. Und nun ist diese Auslandskrankenversicherung der letzte Strohhalm, an den ich mich klammern kann. Ein wenig Optimismus kommt in mir hoch. Schlussendlich habe ich auch Glück gehabt.

Ich mache eine Bestandsaufnahme: Als erstes muss ich aufpassen, nicht einzuschlafen. Ansonsten kommt irgendein übermotivierter Krankenpfleger vorbei und schiebt mich in einen Operationssaal. Ich mag gar nicht darüber nachdenken, was dann alles Schreckliches passieren könnte. Ich muss die Kontrolle behalten. Bis jetzt hat das gut geklappt, aber es ist sehr anstrengend für mich. Wenn bloß nicht diese Schmerzen, der Durst und der Hunger wären. Außerdem will ich weiterleben. Nein, so wie der alte Thai im ersten Krankenhaus will ich nicht enden. Ich rufe nach einer Krankenschwester und verlange zum x-ten Mal nach Wasser und Schmerzmedikamenten. Mir ist schlecht. Ich wähle wie in Trance mir bekannte Telefonnummern und fordere meinen sofortigen Rücktransport nach Deutschland. Ich werde jedes Mal von neuem enttäuscht. Inzwischen bekomme ich immer mehr Anrufe von Freunden und Verwandten. Zwar freue ich mich jedes Mal darüber, merke aber auch, dass meinen Helfern die Hände gebunden sind. Mann, was muss das für ein Riesenunglück sein, das Michaela und mir widerfahren ist.

»Nur nicht einschlafen«, denke ich mir, »sonst bin ich verloren.« Mein Unmut wächst wieder. Mein Gefühlsleben fährt Achterbahn mit mir. Ich liege nicht in einem Einzelzimmer, sondern in einer Einzelzelle. Ich glaube, meine Freunde bemühen sich zu wenig um mich. Verzweifelt rufe ich jeden an, dessen Telefonnummer mir einfällt und weine meine Unzufriedenheit in den Telefonhörer hinein.

Aber eines fällt mir positiv auf: In den letzten Jahren baute mein nahezu perfektes Zahlengedächtnis mehr und mehr ab. Konnte ich mir vor 20 Jahren ungefähr 50 Telefonnummern merken, so waren es in den letzten Jahren vielleicht gerade noch 5. Doch nun tippe ich nach und nach, wie von Zauberhand geführt, weitere Telefonnummern ein. Zwischendurch denke ich immer wieder an die von mir fabrizierte Telefonrechnung. Aus einem Krankenhaus heraus permanent Auslandsgespräche zu führen, ist eigentlich nur etwas für Millionäre. Und ich habe nicht einen einzigen Cent bei mir. Egal. Ich will nach Deutschland.

Es ist schon lange dunkel draußen. Ich habe Hunger. Das letzte Mal habe ich heute Morgen – oder war es gestern Morgen? – gefrühstückt. Seitdem habe ich nur sporadisch Wasser zu mir genommen. Warum habe ich hier eigentlich noch nichts zu essen bekommen? Oh je. Schon wieder eine Frage, auf die ich keine Antwort erhalte. Ich weiß im Moment gar nicht mehr, wie es mir eigentlich geht. Auf der einen Seite ist mir übel vor Hunger und Durst, wegen der inzwischen unerträglichen Hitze und der Ungewissheit, was mit mir noch geschehen wird und was Michaela wohl gerade macht. Auf der anderen Seite fühle ich mich ganz wohl in meinem kleinen Reich. Es ist erstaunlich ruhig, ich bin sicher vor weiteren Tsunamis und für alle Fälle habe ich ein Telefon neben meinem Bett stehen.

Wieder einmal geht die Tür auf. Das kann, wie ich in den letzten Stunden erfahren durfte, sowohl etwas Unangenehmes als auch etwas Neutrales bedeuten. Vielleicht werden meine Personalien zum wiederholten Male aufgenommen. Vielleicht spricht mich auch wieder irgendeine mir unbekannte Person an. Aufgrund der Sprachschwierigkeiten wird dieses Gespräch wieder im Nirwana enden. Vielleicht betritt wieder ein Krankenhausangestellter mein Zimmer, um mir wortlos meine Wasserflasche wegzunehmen, oder er ändert meine Bettposition. Oh bitte, nur das nicht schon wieder. Jeder Positionswechsel meines Bettes ist mit höllischen Schmerzen verbunden. Ich glaube, dass mich jedes Mal das ganze Krankenhaus hört. Diesmal kommt ein sehr höflicher junger Mann von etwa 25 Jahren herein.

»Hello, how are you?« beginnt er das Gespräch.

Ich berichte ihm von meinen Schmerzen und Sorgen. Er hört nicht nur geduldig zu, sondern es kommt mir auch so vor, als ob er sich sehr gut in meine Situation hineinversetzen kann. Der junge Mann spricht zudem akzentfrei Englisch, was unsere Kommunikation äußerst erleichtert. Weiterhelfen kann er mir aber auch nicht. Zu groß ist das Chaos, welches der Tsunami angerichtet hat. Trotzdem scheint mir der Mann als Ansprechpartner hier im Krankenhaus Gold wert zu sein. Deshalb frage ich ihn:

»What's your name?«

»Chai!«

Doch bevor er mein Zimmer verlässt, hat er auch noch eine schlechte Nachricht für mich: »Operation!«, teilt er mir wortkarg mit.

»Necessary?«, frage ich.

»Yes. Bye, bye.«

Aufgrund meiner Müdigkeit akzeptiere ich nickend. Ich weiß überhaupt nicht, warum ich operiert werden soll. Ich denke aber, da es mir momentan so hundsmiserabel geht, kann jede Form von »Anwendung« meinen körperlichen Allgemeinzustand nur verbessern.

27. Dezember 2004

Kurze Zeit später werde ich zu einem Raum gefahren, aus dem ich schon von weitem laute Schmerzensschreie höre. Ungefähr zehn Personen liegen auf unterschiedlichsten Tischen und werden medizinisch versorgt. Offensichtlich handelt es sich hier um einen provisorischen Operationssaal ohne Narkosegeräte. Ich erblicke eine Uhr: 2 Uhr. Zwei ziemlich genervte und wortkarge Thais fangen an, meine Beinwunden zu versorgen. Ich kann nicht sehen, was sie tun. Dafür müsste ich meinen Körper aufrichten, was ich aber nicht kann. Es fühlt sich so an, als ob sie abwechselnd irgendwelche Flüssigkeiten in meine Beinwunden träufeln und Muskel- und Hautgewebe wegschneiden. Es wird immer schmerzhafter.

41

Auch ich reihe mich jetzt ein in die Gruppe wie am Spieß schreiender Tsunamiopfer. Plötzlich erblicke ich Chai.

»Hello, Chai!«, rufe ich, »please come!«

Er sieht mich und tritt an meine Liege. Ich stöhne:

»Please, can you bring me some painkiller.«

»No, sorry. There were too much people who needed painkiller. Painkiller are empty.«

»I am so thursty. Can you bring me some orange juice, please.«

Mit den Worten »The shops are closed now«, deutet er auf seine Uhr, »but I will do my very best« und verabschiedet sich.

Meine Freude ist riesengroß, als er mir gegen 3 Uhr 30 eine kleine Tüte köstlichen Orangensaft bringt.

Ich spüre, wie die beiden Schlachter meine Beinwunden zunähen. Inzwischen ist es 4 Uhr, meine Arme sind auch versorgt und ich kann endlich wieder in mein schönes, ruhiges Zimmer. Das waren jetzt zwei Stunden Höllenqual. Manchmal schien es mir, als ob jemand die Uhrzeiger in Schlafmedikamente getaucht hat. Und dann diese Hitze dazu. Und die Schreie meiner Leidensgenossen. Ich flehe die beiden Thais an:

»Please, bring me back to my room!«

Einer der beiden Schlachter geht weg und kommt kurze Zeit später mit einem Spiegel wieder, den er mir vor mein Gesicht hält:

»Look at your head! Look at your head! Then you'll see what I mean. I haven't finish yet«, schreit er mich an.

Die Aggression in seiner Stimme und in seinem Gesichtsausdruck habe ich schon auf anderer Ebene während der letzten beiden Stunden bei der Behandlung meiner Wunden erfahren. Der Mann war von Anfang an übel gelaunt. Vielleicht ist er überfordert. Er wird schon seit vielen Stunden in diesem improvisierten Operationssaal tätig sein. Teilweise dem Tode geweihte, mit unterschiedlichsten, kompliziertesten und nicht unbedingt schön anzusehenden Verletzungen behaftete Tsunamiopfer musste er ertragen.

Ich vermeide, in den Spiegel zu schauen. Offensichtlich ist das kein allzu guter Anblick.

»No, I don't wanna look into the mirror!«

»Look at your head!«

»No!«

»Look at your head!«

»No!«

Der Mann scheint vollkommen durchgeknallt zu sein. Ich beharre aber trotzdem auf meiner Meinung. Der Streit scheint zu eskalieren und ich befürchte, Schläge zu bekommen. Da kommt Chai um die Ecke und beschwichtigt uns alle drei. Allerdings mit dem Resultat, dass weiter geschnitten, gesäubert und genäht wird.

Ich weiß nun, ich bin quasi in einem Schraubstock gefangen und muss hier alles so ertragen, wie es kommt. Aus mir unerklärlichen Gründen fange ich an zu weinen. Meine Schmerzen werden kaum geringer. Trotzdem hilft mir mein Weinen. Es ist schön zu weinen. Ich versuche mich auf mein Weinen zu konzentrieren. Auf einmal spüre ich kaum noch meine Schmerzen. Ich atme tief durch. Ich bin erleichtert, einigermaßen schmerzfrei zu sein und stoppe instinktiv mein Weinen. Sofort kommen die Schmerzen wieder. Der Schlachter mit all seiner Wut und Aggression ist zudem wieder präsent. Ich ergebe mich meinem Schicksal, höre meinen Leidensgenossen beim Schreien zu und schreie selbst munter mit. 5 Uhr. Fertig. Mir fällt ein Stein vom Herzen. Erschöpft und übermüdet freue ich mich auf mein Krankenzimmer.

Einer der Peiniger fährt mich vom Behandlungsraum in Richtung Fahrstuhl. Dabei teilt er mir beiläufig mit, dass er mich nun in den Operationsraum bringen wird:

»You will have a footoperation.«

»No operation! I have no more strengh to survive an operation!« Ich habe Angst, wegen meiner Erschöpfung den Operationsraum nicht mehr lebend verlassen zu können. Mein Gegenüber erwidert zu meiner Verwunderung, dass er viel erschöpfter sei als ich:

»I have less power than you. I have been working here about fourteen hours.«

Außerdem solle ich mich nicht so anstellen. Mir brennen sämtliche Sicherungen durch und mit letzter Kraft brülle ich meinen Peiniger der letzten Stunden an. Das zeigt Wirkung. Zu meiner Überraschung werde ich endlich in mein Krankenzimmer gefahren.

Draußen dämmert es. Ich gehe meiner Lieblingsbeschäftigung, dem Telefonieren, nach. Heute ist es aber anders als gestern. Nicht ich bin es, der telefoniert, sondern ich werde angerufen. Verschiedene Freunde stecken schon in den Startlöchern nach Thailand, um mich dann nach Deutschland zu begleiten. Das tut meiner seelischen Verfassung gut. Es ist schier unglaublich, wie viele Menschen sich um mich bemühen.

Wieder einmal öffnet sich die Tür. Eine knapp 30 Jahre alte Frau mit blonden Haaren betritt mein Zimmer. Sie ist Holländerin und arbeitet als Dolmetscherin im »Bangkok General Hospital«, dem Mutterhaus des »Phuket General Hospital«. Sie wurde, nebst einigen Kollegen, aus Bangkok eingeflogen, um den Weitertransport der Verletzten nach Bangkok mit zu organisieren. Auch wenn ich mich gut in Englisch verständigen kann, ist es eine Wohltat für mich, hier vor Ort Deutsch zu sprechen. Die

Holländerin hat sehr gute Neuigkeiten für mich: Für morgen ist mein Weitertransport angedacht. Super, von nun an geht es bergauf. Ich lasse mir von der Holländerin Zettel und Kugelschreiber bringen und notiere mir ihre Handynummer. Endlich, so scheint es zumindest, habe ich eine kompetente Ansprechpartnerin. Den Zettel darf ich nur nicht verlieren. Er ist mein einziges Besitztum und der goldene Schlüssel für meinen Transport nach Hause.

Wieder allein im Krankenzimmer wird mein Körper mehr und mehr von Schmerz, Durst und Hunger erfüllt. Zu essen bekomme ich immer noch nichts. Das Pflegepersonal kann oder will mich nicht verstehen. Vielleicht liegt es aber auch an der thailändischen Höflichkeit, dass man einfach nicht sagen darf:

»Nein, du bekommst kein Essen!«

Wie bereits gestern erlebt, kommen ständig andere Mitarbeiter des Krankenhauses wortlos zu mir herein. Der eine verstellt die Bettposition, fünf Minuten später kommt der nächste, um sie abermals zu verändern. Jedes Mal schreie ich vor Schmerzen. Dann kommt jemand, um meinen Blutdruck zu messen. Zehn Minuten danach wird mein Herzschlag überprüft. Und genauso bringt der eine mir eine Flasche mit Wasser, die mir kurze Zeit darauf der nächste wieder wegnimmt. Das gleiche Spielchen wiederholt sich mit der Klimaanlage. Permanent ein und aus, oder mal zur Abwechslung die Temperatur hoch oder runter schalten. Mein körperlicher und seelischer Zustand verschlimmert sich rapide.

Ich bemerke, dass ich keine Lebenskraft mehr besitze. Ich will aber weiter leben. Ein innerer Kampf beginnt. Ich fühle mich wie beim Tauziehen. Jedoch bin ich das Seil. Auf der einen Seite zieht der Tod und auf der anderen Seite mein Lebenswille. Zieht mein Lebenswille stärker, so spüre ich meinen schmerzenden Körper, meine Verzweiflung, meine Ohnmacht und meine Angst vor dem

Tod. Zieht dagegen der Tod stärker, so komme ich immer mehr in einen Entspannungszustand, ohne Schmerz und innere Widerständen. Beide Seiten ziehen unaufhörlich am Seil. Ich durchlebe ein Wechselbad der Gefühle. Ich habe keine Kraft mehr und entscheide mich dafür, nicht mehr zu kämpfen. Eine unbeschreibliche Ruhe erfüllt augenblicklich mein Krankenzimmer. Ich bin entspannt und ohne Schmerzen. Auf einmal nehme ich wahr, wie meine innere Hülle, ich nehme an, dass es sich um meine Seele handelt, im Begriff ist, meinen Körper zu verlassen. Ich bin vollkommen ruhig. Mir kommt es so vor, als ob sich an meinem Fußende ein Magnet befindet, der meine Seele im Zeitlupentempo aus meinem Körper zieht. Zuerst ist mein Kopf ohne innere Hülle, dann mein Hals und nun auch schon der Brustkorb. Ich glaube, jetzt zu Sterben und ich fühle mich gut. Unterdessen ist mein Bauchraum auch ohne innere Hülle. Unerwartet werde ich aus diesem Zustand gerissen. Ich spüre, dass etwas sehr Vertrautes ganz nah bei mir ist. Für mich fühlt es sich an wie Familie, Freunde und Heimat gleichzeitig. Ich kann dies nicht spezifizieren, aber es ist mir sehr bekannt. Meine innere Hülle wird durch diese Kraft wieder in meinen Körper hineingedrückt. Dieses Schauspiel kann ich lediglich beobachten, ohne auch nur die geringste Chance zu haben, daran in irgendeiner Form aktiv mitzuwirken. Es geschieht einfach. Offensichtlich darf ich noch weiterleben.

Dieser Vorgang sollte sich noch drei bis vier Mal in meiner thailändischen Krankenhauszeit wiederholen. Obwohl ich diese Begebenheit später schon kannte, war sie trotzdem immer wieder neu, aber auch ähnlich. Zu Hause in Deutschland, nach vielen Gesprächen mit Freunden und Bekannten, bin ich mir sicher, dass Gebete aus meinem privaten Umfeld mir das Leben mehrmals gerettet haben.

Richtung Heimat

Ein Silberstreif am Horizont tut sich endlich auf. Die holländische Dolmetscherin teilt mir meinen Weitertransport nach Bangkok mit. Eine sehr gute Nachricht. Zum einen mache ich damit einen sehr großen Schritt in Richtung Heimat, denn von Bangkok aus ist es nämlich deutlich leichter nach Deutschland zu kommen, als von Phuket aus. Zum anderen bin ich heilfroh, mich aus diesem Krisengebiet zu entfernen. Bangkok ist nicht nur eine Weltmetropole, sondern auch bekannt für seine hervorragenden Krankenhäuser mit sehr gut ausgebildetem Personal.

Meine Freude ist riesig, als ich schon um 12 Uhr statt um 14 Uhr zum Abtransport aus meinem Zimmer gefahren werde. Im Eingangsbereich des Krankenhauses werde ich noch einmal mit den Ausmaßen des Tsunamis konfrontiert. Zwei Tage danach werden immer noch Verletzte eingeliefert. Es herrscht, ähnlich wie im ersten Krankenhaus, ein heilloses Durcheinander. Menschen verschiedenster Nationalitäten laufen verletzt durch den Eingangsbereich, um nach ihren Verwandten und Freunden oder aber nach einem Arzt zu suchen. Zusätzlich zu meiner ersten Krankenhauserfahrung werden nun aber schon behandelte Patienten aus dem Krankenhaus zum Weitertransport an allen freien Stellen »zwischengeparkt«. Das Chaos perfekt machen Journalisten und Kameraleute. Ohne jegliche Schamgrenze zu besitzen, stürzen sich die Kameraleute besonders auf schwer verletzte, sich nicht wehrende Patienten, um eine bestmögliche Kameraeinstellung zu bekommen. Es dauert nicht lange, und auch ich werde zum Opfer der Begierde. Ein Kameramann erspäht mich und kommt mit laufendem Gerät auf mich zu. Ohne Mitgefühl versucht er mich aus einem Abstand von einem Meter zu filmen. Ich halte meine

Hände vor mein Gesicht. Der Kameramann filmt weiter. Gestikulierend mit einer Hand, die andere schützt nach wie vor mein Gesicht, versuche ich ihm klar zu machen, nicht gefilmt werden zu wollen. Kein Erfolg. Ich setze meine Stimme ein. Kein Erfolg. Nun fange ich an, loszuschreien und zeige ihm den Mittelfinger. Erfolg. Der Kameramann lässt von mir ab und stürzt sich auf das nächste Opfer.

Kurze Zeit später fährt man mich zum Flughafen von Phuket.

Der Betrieb dort scheint nahezu eingestellt zu sein. Im Vergleich zu meinen bisherigen Erlebnissen in der Öffentlichkeit nach dem Tsunami, herrscht hier geradezu eine unvorstellbare Ruhe. Normale Passagiere sind für mich nicht auszumachen. Man bringt mich in einen Warteraum. Er ist hell, warm und stickig. Ein Thermometer zeigt 35° C. Die Klimaanlage funktioniert nicht, da die breite Tür offen steht. Man legt mich mit meiner Trage auf den Boden des ungefähr 15 m mal 15 m großen Raumes, in dem schon etwa 30 Personen liegen. Die meisten von ihnen scheinen einem schlechten Comic entsprungen. Mit Metallgestellen an ihren Extremitäten (Fixateur externa) – zur Stabilisierung von Knochenbrüchen versehen, ertragen sie mehr oder weniger laut ihr Schicksal. Auf den bereit gestellten Stühlen haben sich ungefähr 20 Angehörige und einige leicht verletzte Urlauber niedergelassen. Dazu kommen noch zirka 20 Thailänder, die als Hilfspersonal fungieren. Es ist unerträglich schwül. Zu essen und zu trinken gibt es nichts.

Rechts von mir liegt ein zirka fünfjähriges schwedisches Mädchen. Obwohl sie keine erkennbaren äußerlichen Verletzungen hat, geht es ihr sehr schlecht. Sie stöhnt unaufhörlich. Ihre Eltern, die neben ihr auf Stühlen sitzen, sind wegen des schlechten gesundheitlichen Zustandes sehr beunruhigt. Während abwechselnd ein Elternteil bei dem Mädchen bleibt, scheint der andere außerhalb des Raumes irgendetwas zu organisieren.

Der Platz zu meiner Linken ist noch leer. Daneben liegt ein Finne. Wir kommen ins Gespräch. Er stand in Phuket vor einem Fotogeschäft und schaute sich die Auslage an, als ihn die Welle unvermittelt traf und ihn durch die große Schaufensterscheibe in das Fotogeschäft katapultierte. Das Ergebnis ist niederschmetternd: Beide Arme und Beine sowie sein Gesicht sind verbunden. Lediglich Augen, Nase und Mund sind nicht bandagiert. An seinen Beinen funkeln von oben bis unten die Fixateur externa.

Aus dem Stimmmengewirr ist zu erkennen, dass sich im Raum ein multikultureller Verletztencocktail befindet: Schweizer, Skandinavier, Amerikaner, Australier, Kanadier, Briten, Franzosen, Thailänder und Deutsche geben sich ein »Stelldichein«.

Die Atmosphäre ist niederschmetternd. Keiner lacht. Niemand ist fröhlich. Es wird, wenn überhaupt, nur das Nötigste gesprochen. Immer wieder fängt einer der Verletzten an vor Schmerzen zu schreien. Das thailändische Hilfspersonal ist bemüht, die Situation nicht eskalieren zu lassen. Alles, was in ihrer Macht steht, machen sie möglich. So wird mir, immer wenn ich danach frage, bereitwillig ein privates Handy zur Verfügung gestellt. Ich versuche durch Telefonate nach Deutschland meinen Rücktransport zu beschleunigen. Aber die allgemeine Lage ist recht unübersichtlich. Offenbar warten Tausende verletzte Urlauber darauf, in ihre Heimatländer zurückgeflogen zu werden. Und dies ist anscheinend nur nach und nach möglich. Wie ich erfahren habe, stehen dem thailändischen Militär, welches für den Weitertransport der Verletzten nach Bangkok zuständig ist, auch nur begrenzte Kapazitäten zur Verfügung.

Endlich tut sich etwas. Alle Verletzten erhalten vom thailändischen Hilfspersonal Armbänder. Diese haben vier oder fünf Ringe in verschiedenen Farben. Die Farbskala reicht von gelb bis schwarz. Schwarz ist mit einem Totenkopf versehen. Je nach Verletzungsgrad wird eine Markierung an der entsprechenden Farbe angebracht. Wann wir Verletzten abtransportiert werden, ist wohl abhängig von der Schwere der Verletzung. Ich bin eine Farbe von Schwarz entfernt. Das bedeutet für mich: durchhalten. Aber das ist einfacher gesagt als getan. Ich kann mich vor Schmerzen kaum bewegen. Lediglich das Aufrichten meines Oberkörpers ist mir möglich. Hinsetzen oder auf die Seite legen schaffe ich nicht. Im Prinzip habe ich von Kopf bis Fuß Schmerzen. Dazu kommen abwechselnd regelmäßige Schmerzspitzen aus meinem linken und rechten Bein, meiner rechten Körperflanke und dieses permanente Kopfdröhnen. Ich frage meine thailändischen Betreuer nach Schmerzmedikamenten. Doch es gibt keine Schmerzmittel vor Ort.

Ein weiterer Verletzter wird in »unseren Raum« gefahren. Der fünfzigjährige Mann befindet sich auf einer Liege, deren Beine ausgefahren sind. So brauchen die Helfer den Verletzten nicht zu tragen, sondern können ihn, mittels der Rollen unterhalb der Beine, fahren. Nun sollen die Beine der Liege eingeklappt werden, damit der Mann, wie wir alle auch, auf den Boden zu liegen kommt. Die Helfer scheinen mit dieser Technik nicht vertraut zu sein. Ein falscher Griff und die Beine am Kopfteil der Liege schnellen zusammen. In Sekundenbruchteilen rast das Kopfteil mitsamt dem Mann aus über einem Meter Höhe auf den Boden des Warteraumes. Ein ohrenbetäubender Schmerzensschrei erfüllt den Raum. Sofort versuchen die Helfer das Missgeschick auszubügeln und heben das Kopfteil wieder an. Im selben Moment rast das Fußteil zu Boden. Wieder erfüllt ein Schmerzensschrei den Raum. Beim dritten Versuch wird der Mann erfolgreich auf den Boden gelegt. Wäre die Gesamtsituation nicht so äußerst tragisch, so könnte man diese Szene auch gut für einen Film á la »Stan Laurel und Oliver Hardy« verwenden.

Endlich tut sich etwas. Eine Abordnung des thailändischen Militärs in Kampfanzügen betritt den Raum. In ihren Kampfanzügen wirken sie ein wenig bedrohlich auf mich. Doch der Schein trügt. Die jungen Soldaten sind höflich und zurückhaltend, ja geradezu etwas schüchtern. Zwar verzieht der Anführer der Truppe, er ist auch gleichzeitig der Pilot des Flugzeuges, keine Miene, ich muss ihm aber auch zugute halten, dass er der Entscheidungsträger ist. Er ist dafür verantwortlich, wen er nach Bangkok fliegt und wen nicht. Die farbigen Armbänder werden angeschaut, um zu entscheiden, wer als nächstes weitertransportiert wird und wer nicht. Ich bin nicht dabei. Ein Soldat versichert mir aber nach Rücksprache mit seinem Chef, dass ich bei der nächsten Fuhre einen Platz bekäme. Ich erkundige mich bei den Betreuern, wann das denn sein würde. Der Flug dauere etwas über eine Stunde, dazu käme das Ein- und Ausladen der Verletzten. Ich freue mich darauf, in zirka drei Stunden auch verladen zu werden.

Dem schwedischen Mädchen neben mir geht es zusehends schlechter. Noch vor einer halben Stunde hat es 40° Fieber gehabt, nun liegt die Körpertemperatur bei 35°. Das Mädchen stöhnt und ihren Eltern ist die Verzweiflung im Gesicht anzusehen. Doch Hilfe naht. Mehrere Helfer bringen Medikamente, Verbandsmaterial, Brötchen und Trinkwasser.

Das Brötchen bekomme ich trotz meines großen Hungers nicht durch den Hals. Es liegt nicht am Geschmack, sondern einfach daran, dass sich mein Körper eigenartigerweise trotz Hungers vor Essen ekelt. Eine mir bis dahin absolut unbekannte Situation. Auch das heiß ersehnte Wasser bringt mir keinen wirklichen Nutzen. Erstens kann ich nicht so viel trinken wie ich möchte, und zweitens schmeckt mir das Wasser überhaupt nicht. Das liegt nicht an der Qualität des Wassers, sondern einfach nur an meiner immer größer werdenden Übelkeit. Die Schmerzmedikamente, die ich bekomme, haben keine Wirkung.

Die Helfer beginnen nun bei einigen Verletzten Verbandswechsel vorzunehmen. Vielleicht drei Meter vor mir liegt eine etwa gleichaltrige Frau, die mir in der letzten Zeit durch ihre permanenten Schmerzensschreie aufgefallen ist. Die Helfer schlagen ihre Bettdecke zurück. Der linke Fuß und der Unterschenkel sind stark bandagiert. Langsam wird eine Rolle des Verbandmaterials nach der anderen entfernt. Je weiter die Mullbinden abgewickelt werden, desto intensiver und lauter werden die Schmerzensschreie der Frau. Es ist unerträglich. Aus Mangel an Schmerzmitteln greift sich einer der Helfer ein Handtuch und stopft es der Frau in den Mund. Ruhe. Jetzt sind nur noch die Körperbewegungen der Frau wahrzunehmen. Die Helfer haben alle Mühe sie festzuhalten. Betretenes Schweigen herrscht im Raum. Alle Augen sind mitleidsvoll auf die Frau gerichtet. Nach einigen Minuten ist der Verbandswechsel vollzogen. Die Helfer warten noch ein wenig, ehe sie der schweißnassen und erschöpften Frau das Handtuch aus ihrem Mund entfernen.

Es mag hart klingen, aber unfreiwillig leistete die Frau einen positiven Beitrag. Ich denke, dass es mir nicht allein so erging. Die Schreie und Schmerzen der Frau, ihre unglaublich erschütternde Lage, brachte Abwechslung in meine deprimierende Situation. Für ein paar Minuten war ich abgelenkt von meinen Leiden und hatte somit ein wenig Luft zum Verschnaufen.

Nach und nach treffen Botschaftsangehörige der unterschied-lichsten Nationen ein, um sich einen Überblick über ihre verletz-ten Landsleute zu verschaffen. Es wird viel gesprochen und telefo-niert. Auch sind die Botschaftsangehörigen sich nicht zu schade, für ihre Landsleute zusätzliches Essen und Getränke zu besorgen. Es sind immer nur kleine Gesten. Dennoch kann ich bei den Ver-letzten eine spürbare Stimmungsaufhellung feststellen.

Besonders gut trifft es die skandinavischen Urlauber. Offen-sichtlich gibt es nicht nur Vertreter des jeweiligen Landes, son-dern auch noch einen übergeordneten skandinavischen Vertreter. Wieder einmal ein Hoffnungsschimmer am so düsteren Horizont. Freudig erwarte ich den Deutschen Botschaftsvertreter. Ich warte. Ich warte. Ich warte. Es kommt niemand. Gott sei Dank weiß ich zu diesem Zeitpunkt nicht, dass sich die offizielle Hilfe seitens der Bundesregierung und ihrer Vertreter auf diesem Niveau halten sollte.

Wieder einmal erhalte ich auf meine Bitte hin ein Handy und telefoniere erfolglos nach Deutschland.

Das thailändische Militär betritt endlich wieder den Raum. Auf-merksam und überlegt schaut der Pilot sich die Markierungen an den farbigen Armbändern an, um dann seine Entscheidung zu treffen. Mich will er wieder nicht mitnehmen. Ich nehme Kon-takt zu ihm auf und berichte ihm von dem Versprechen, dass ich jetzt mitfliegen solle.

»Last time you promised to put me on the next flight to Bang-kok.«

»No, now it's impossible.«

Er beharrt auf seiner Entscheidung. Als letzten Ausweg spreche ich den Soldaten mit dem mitleidsvollsten Gesichtsausdruck an:

»Your boss promised to put me on this flight to Bangkok.«

»No, no way. We will bring you to Bangkok with the next flight.«

Er bestätigt die Entscheidung seines Chefs, versichert mir aber im Gegenzug, mich beim nächsten Flug mitzunehmen. Das lasse ich mir sofort von seinem Chef bestätigen. Allerdings wird meine Freude durch seine Aussage getrübt, mich erst in vier Stunden zu transportieren. Aus irgendwelchen Gründen fliegt die Militärmaschine nicht so schnell wie ein Passagierflugzeug. Außerdem dauert das Be- und Entladen der Verletzten deutlich länger als angenommen. Okay, diese Zeit werde ich auch noch überstehen, überstehen müssen.

Unsere Gruppe erhält Zuwachs. Eine sechzig bis siebzig Jahre alte Frau wird links neben mich gelegt. Sie ist mit einer Plastikmanschette um Kopf und Hals fixiert. Wir begrüßen uns. Sie kommt ebenfalls aus Deutschland. Die letzten beiden Tage hat sie in einem Provinzkrankenhaus in Takua Pah verbracht. Nach ihren Schilderungen zu urteilen war dieses Krankenhaus vollkommen an seine Grenzen gestoßen. Schon nach kurzer Zeit waren sämtliche Medikamenten- und Essensvorräte aufgebraucht. Allerdings versorgten Thailänder nicht nur ihre verletzten Angehörigen, sondern auch verletzte Touristen mit Lebensmitteln. Die meisten Patienten wurden auf den Krankenhausfluren untergebracht. Weitertransportmöglichkeiten zu anderen Krankenhäusern waren für die hohe Zahl an Patienten verständlicherweise nicht genug vorhanden. Die Autos, die die Patienten transportierten, waren außerdem schon rund um die Uhr im Einsatz.

Meine Nachbarin hatte einen oder mehrere Brüche von Halswirbelkörpern erlitten. Diese Brüche waren so dicht am Rückenmark positioniert, dass die Ärzte sich nicht einig waren, ob man sie überhaupt weitertransportieren dürfe. Eine Operation schien unausweichlich. Die Frage war nur: Wo gibt es zurzeit noch freie Spezialisten und wie bekommt man die Frau dorthin?

Der Arzt, der mich betreut, ist auch für die Frau zuständig. Ich fungiere als Dolmetscher und versuche ihr den Sachverhalt zu erläutern. Da sie aber noch so sehr unter Schock steht, kann sie die Zusammenhänge nicht begreifen. Außerdem hat sie ein für sie noch viel schwerwiegenderes Problem. Seit dem Tsunami vermisst sie ihren Mann. Aufgrund ihrer mangelnden Englischkenntnisse und ihrer starken Verletzung konnte sie bis jetzt noch keine adäquate Suche veranlassen.

Doch für den uns betreuenden Arzt sind die Möglichkeiten einer erfolgreichen Suche begrenzt. Der einzige Strohhalm, an den sich die Frau klammert, ist der, dass ihr Mann in »unseren« Raum gebracht wird. Jedes mal, wenn ein neuer Verletzter herein getragen wird, ruft sie den Vornamen ihres Mannes. Die Reaktion ist immer dieselbe: Keine.

Ich erkundige mich bei der Frau nach dem Aussehen ihres Ehemannes. Sie geht auf meinen Vorschlag ein, dass, wenn ich einen Herrn ähnlichen Aussehens erblicke, ich ihr dies mitteile. So hat sie die Möglichkeit, zumindest ein bisschen zur Ruhe zu kommen. Diese Vorgehensweise zeigt ihre Wirkung. Die Frau schaltet ein wenig ab, und der Warteraum wird wieder erfüllt von einer bedrückenden und trostlosen Stille.

Draußen ist es schon lange dunkel. Trotzdem scheint die Zeit wieder einmal stillzustehen. Es werden zwar ständig neue Verletzte in den Raum gebracht, doch mittlerweile bringen diese Situationen keine Abwechslung mehr. Mein Schmerz dominiert über sämtliche wahrnehmbaren Körperfunktionen und äußeren Eindrücke. Die ebenfalls schwer verletzten Urlauber stöhnen leise vor sich hin. Gespräche finden nur noch zwischen dem Hilfspersonal und den Verletzten statt. Ich sitze mit all den anderen

Verletzten im selben Boot. Direkt weiterhelfen, also uns unsere Schmerzen nehmen, kann momentan niemand.

Endlich, ich habe keine Ahnung wie spät es ist, betritt die Abordnung des thailändischen Militärs den Raum. Vor Freude beginnt mein Herz immer schneller zu schlagen. Ich winke, um auf mich aufmerksam zu machen und sicherzustellen diesmal mitgenommen zu werden, den Herren zu. Der Pilot bemerkt mich zwar, zeigt aber wieder keine Reaktion. Er geht sehr analytisch an die Sache heran und versucht seine Emotionen außen vor zu lassen. Meine Stimmung sinkt. Werde ich auch dieses Mal nicht mitgenommen werden? Ohne mit der Wimper zu zucken deutet er seinen vier Mitarbeitern an mich mitzunehmen. Freude und Erleichterung erfüllt spontan mein Herz. Endlich geht es, im wahrsten Sinne des Wortes, weiter. Ich habe allerdings Bedenken von diesen blutjungen Militärsoldaten transportiert zu werden. Da jede Erschütterung meines Körpers höllische Schmerzen verursacht, bin ich sehr skeptisch. Schließlich schafften es nicht einmal die Krankenhausbediensteten und die Krankenwagenfahrer mich annähernd schmerz- und erschütterungsfrei von A nach B zu schaffen. Nun geht es los. Die vier nicht einmal achtzehnjährigen Soldaten ergreifen jeweils eine Ecke der Liege. Ich weise noch einmal darauf hin, mich bitte schonend zu transportieren.

»Please, be careful. I have so much pain. Please, be careful!«

Ich bin erstaunt. Wie von Zauberhand geführt, erheben sich alle vier Ecken meiner Liege gleichzeitig in die Höhe. Quasi schwebend bringen mich die vier Soldaten, unter ständiger Beobachtung des Piloten, aus dem Warteraum zum Rollfeld. Ich stelle fest, hier sind absolute Könner am Werk. In etwa 100 Meter Entfernung sehe ich das Militärflugzeug, bei dem es sich um eine Transportmaschine handelt. Das Heck ist aufgeklappt. Je näher wir kommen, desto deutlicher erkenne ich zu meiner großen Verwunderung, dass das Flugzeug nahezu voll besetzt ist. An den Seiten befinden sich Sitzplätze für leicht und nicht verletzte Touristen sowie für das Militärpersonal. In der Mitte des Innenraumes ist von vorne bis hinten ein Metallgestänge eingebaut. Hieran sind die Liegen in zwei Reihen übereinander mittels komplizierter Seiltechniken festgezurrt. Ich bin der letzte, der so liegend auf diesen Flug mitgenommen wird. Ich frage mich, wo die ganzen anderen Verletzten herkommen. Offenbar gibt es noch weitere Warteräume für Verletzte im Flughafen von Phuket.

Das Flugzeuginnere wird durch eine Notbeleuchtung schwach erhellt. Ich blicke in einen Tunnel, der sich nach zehn Metern verdunkelt. Die Heckklappe wird geschlossen. Helfer verteilen noch zusätzliche Decken. Das Flugzeug setzt sich in Bewegung. Obwohl ich Vertrauen in den Piloten habe, habe ich Angst davor, dass er ruckartig startet oder landet. Nach ein paar Minuten kommt das Flugzeug zum Stehen. Ich denke, wir befinden uns jetzt am Anfang der Landebahn. Dann beschleunigt das Flugzeug und hebt sanft ab.

Es ist in dieser Transportmaschine deutlich lauter als in einem Passagierflugzeug. Die Stimmung der Passagiere ist genauso wie die Beleuchtung: gedämpft. Niemand spricht, stöhnt oder schreit. Nach und nach verschwindet die unerträgliche Schwüle, die mich die letzten Tage begleitet hatte. Ich genieße die angenehme Kühle. Als ich langsam anfange zu frieren und einen Soldaten um eine zusätzliche Decke bitte, eröffnet mir dieser, dass wir gleich zur Landung ansetzen. Ich glaube fest daran sanft zu landen, und meine Erwartung wird erfüllt.

Zu meiner großen Überraschung werde ich als Erstes ausgeladen. Wie vom thailändischen Militär gewohnt, werde ich sanft und ohne weitere Schmerzen in einen Krankenwagen gebracht.

Zielort: Bangkok General Hospital. Die Fahrt dorthin erlebe ich wie in Trance.

Kurze Zeit später befinde ich mich in der Notaufnahme. Es ist kurz nach 1 Uhr morgens, wie ich auf einer Uhr erblicken kann. Die Beleuchtung ist grell. Ich werde in einen Gang geschoben, wo sich auf der einen Seite eine Untersuchungsliege neben der anderen befindet. Sie sind jeweils durch Paravents voneinander getrennt. Man fährt mich in einen dieser Untersuchungssektoren. Es herrscht vollkommene Stille. Ich bin alleine in diesem Trakt des Krankenhauses. Kurze Zeit später begrüßt mich ein freundlicher thailändischer Arzt. In seinen Händen hält er die Untersuchungsergebnisse der vorherigen Krankenhäuser. Ganz entspannt und ausführlich befragt er mich nach meinen Vorerkrankungen und augenblicklichen Beschwerden. Ich habe Mühe mich auf das Gespräch zu konzentrieren. Die Anspannung der letzten Tage zeigt immer mehr ihre Wirkung. Plötzlich tritt ein westlich aussehender Mann hinzu. Er ist Deutscher und der Marketingmanager des Krankenhauses. Meine Freude ist riesengroß, endlich wieder einmal deutsch zu sprechen. Da meine Konzentrationsschwäche von Sekunde zu Sekunde stärker wird und mir kaum noch englische Wörter einfallen, fungiert er als Dolmetscher. Bei seiner Verabschiedung verspricht er mir, mich in den nächsten Tagen zu besuchen. Ich kann mir zwar kaum vorstellen, dass er noch einmal Zeit für mich finden wird, bei dem Chaos, das ich in den letzten Tagen erlebt habe, bin aber froh, für die nächsten Tage zumindest einen potentiellen deutschen Ansprechpartner vor Ort zu haben. Der Arzt beginnt behutsam mich zu untersuchen. Als er fertig ist, eröffnet er mir, dass ich nicht in ein Krankenzimmer komme, sondern sofort operiert werden muss. Ich habe überhaupt keine Lust auf eine Operation. Außerdem frage ich mich, was denn schon wieder operiert werden soll. Egal. Da er sehr authentisch wirkt und außerdem das Mittel, das er mir vor ein paar Minuten gespritzt hat, bereits wirkt, ergebe ich mich ohne Widerstand meinem Schicksal.

Ich werde in Richtung Operationssaal gefahren. Die Fahrt scheint nicht enden zu wollen. Das muss das größte Krankenhaus der Welt sein.

Entweder wirkt die Spritze immer mehr, oder das Licht des Krankenhauses wird immer dunkler, je weiter ich auf meiner Liege gefahren werde. Ich kann aber zu meiner großen Erleichterung registrieren, dass das Krankenhaus nicht nur extrem sauber und ruhig ist, sondern, nach meiner Einschätzung, auf dem allerneuesten Stand ist. So ein modernes Krankenhaus habe ich noch nie gesehen. Ich werde in einen Fahrstuhl geschoben, in den auch ein schätzungsweise fünfzigjähriger Chinese zusteigt. Er wirkt auf mich freundlich und weise. Da er grüne Kleidung trägt, vermute ich in ihm einen Operateur. Hoffentlich wird er mich operieren. Er strahlt so viel Kompetenz aus, da kann die Operation nur gelingen. Zumindest verlassen wir auf derselben Etage den Fahrstuhl. Ich werde immer müder. Diese unendliche Ruhe und das gedämpfte Licht tun ein Übriges dazu. Mir kommt es so vor, als ob ich nur noch jede fünfte Sekunde meines Lebens bewusst miterlebe. Niemand scheint zu sprechen. Nun befinde ich mich bereits im Operationssaal. Freudig erblicke ich den Chinesen aus dem Fahrstuhl. Als nächstes sehe ich die Narkosemaske ...

Ich erwache. Die Umgebung kommt mir bekannt vor. Ich befinde mich immer noch im Operationssaal. Zu meiner Überraschung muss ich feststellen, dass ich noch operiert werde. Ich höre das Klackern der Operationsinstrumente. Als nächstes nehme ich wahr, dass mein linkes Bein nicht nur stark schmerzt, sondern auch im Moment gerade versorgt wird. Die Operation ist in vollem Gange. Ich möchte gerne, kann aber aus mir nicht ersichtlichen Gründen, nicht sprechen. Dafür fängt das Operationsteam an zu sprechen. Es fallen ein paar leise und dennoch hektische Sätze. Aus den Augenwinkeln erspähe ich von der Seite die Narkosemaske auf mein Gesicht zukommen. Irgendein Gas strömt aus ihr heraus. Die Maske wird behutsam auf mein Gesicht gedrückt. Ich schlafe sofort wieder ein.

Ich erwache wieder. Diesmal jedoch nicht im Operationssaal, sondern in einem Krankenzimmer. Ein Einzelzimmer, wie ich zu meiner großen Erleichterung unschwer erkenne. Das Zimmer ist ebenso großzügig geschnitten wie in Phuket. Mein Krankenbett ist ein wahres Hightech-Bett. Ich kann selbst mittels verschiedener Knöpfe sowohl das Fuß- als auch das Kopfteil elektrisch hoch und runter bewegen. In meiner jetzigen Lage ein wahrer Luxus. So bin ich nicht mehr darauf angewiesen komplizierte Gespräche mit dem Krankenhauspersonal führen zu müssen, bis dieses endlich die von mir gewünschte Bettposition eingestellt hat. Es gibt einen Fernseher und ein Telefon und auf meinem Nachttisch liegt eine englischsprachige Tageszeitung. Draußen scheint die Sonne, es ist hellichter Tag. Ich habe einen kleinen Überblick über Bangkok, da sich mein Zimmer offensichtlich auf einer höheren Etage befindet.

Es muss der 28. oder 29. Dezember sein.

Die nächsten Tage sind schnell erzählt. Meine Beschwerden und Schmerzen sind unverändert. Zudem ist mir permanent übel. Sooft ich kann, telefoniere ich nach Deutschland und mit einem Deutschen, der in Thailand lebt und Michaela zu sich nach Hause mitgenommen hat. Andreas, so heißt der Deutsche, hat für mein Empfinden Phantastisches geleistet. Zutiefst betroffen von den Fernsehbildern über den Tsunami spürte er den inneren Drang, helfen zu müssen. So fuhr er kurz entschlossen zur Deutschen Botschaft und bot sich als Übersetzer an, da er über deutsche, englische und thailändische Sprachkenntnisse verfügt. Unglaublich, aber wahr: Die Botschaft lehnte sein Angebot ab.

So fuhr er zum Bangkoker Flughafen, in der Hoffnung, dort nützlich sein zu können. Eine Lufthansaangestellte vermittelte den Kontakt zwischen Andreas und Michaela, die in einem Warteraum mit anderen Verletzten lag. Andreas stellte sich vor und hinterließ am Flugschalter seinen Ausweis und die Telefonnummer. So war für Michaela sichergestellt, dass sie sich in seriöse Hände begab. Danke – und das meine ich ohne Ironie – für die Ignoranz der Deutschen Botschaft Andreas' Hilfe nicht anzunehmen. Er hätte einigen Menschen das Leben erleichtern können. So war er exklusiv für Michaela und für mich an vielen Baustellen erfolgreich tätig.

Da sich Michaelas Gesundheitszustand dann verschlimmert hatte, brachte Andreas sie in ein Krankenhaus, wo sie stationär aufgenommen wurde. Auch dort kümmert er sich weiter um sie und ist gleichzeitig auch Ansprechpartner für die Angehörigen und Freunde von Michaela und mir. Alle zusammen arbeiten mit Hochdruck daran uns vorzeitig, mittels der Auslandskrankenversicherung, nach Deutschland zu bringen.

So wie meine Stimmung sinkt, so steigern sich die Schmerzen mehr und mehr. Immer wieder bin ich dem Tode näher als dem Leben.

Ich bekomme so gut wie gar nichts zu trinken, da noch eine weitere Operation geplant ist. Ich weiß nicht, was an mir operiert werden soll und frage auch nicht danach. Es ist mir einfach egal, ob ich operiert werde oder nicht.

Irgendwann werde ich wieder zum Operationssaal geschoben

und in einem Vorraum »zwischengeparkt«. Eine Hand voll verletzter Ausländer liegt in ihren Betten. Alle sind ruhig. Nur ein Franzose schreit irgendwelches zusammenhangsloses Zeug auf Französisch in den Raum. Das thailändische Personal ist damit hoffnungslos überfordert. Ich biete mich als Dolmetscher an, da ich Französisch in der Schule und viele Urlaube in Frankreich verbracht hatte. Man schiebt mein Bett neben das des Franzosen. Ich stelle mich ihm vor. Er ist ziemlich verwirrt. Nach einiger Zeit erfahre ich seine Sorgen: Er hat Angst ins Bett zu pinkeln. Immer wieder versuche ich ihm zu erklären, dass sowohl er als auch ich mit einem Blasenkatheter ausgestattet sind. Nichts läuft ins Bett, alles läuft in den Katheter. Nach etlichen Versuchen ist der Franzose zumindest beruhigt, verstanden hat er aber glaube ich nichts. Auf alle Fälle konnte ich durch den Kontakt meine Wartezeit auf die anstehende Operation verkürzen. Und französisch zu sprechen macht mir immer wieder aufs Neue großen Spaß. Nun werde ich wieder in den Operationssaal gefahren.

Ich erwache. Diesmal nicht im Operationssaal, sondern auf dem Weg zu meinem Krankenzimmer. An der Tür zu meinem Zimmer hängt ein Schild mit der Aufschrift »Nothing in the mouth«. Im Vorbeifahren ergreife ich das Schild und presse es mit beiden Händen so stark ich kann auf meinen Bauch. Niemand soll das Schild in die Hände bekommen, um es dann eventuell wieder anzuhängen. Ich habe nämlich einen Riesenhunger. Die Realität sieht aber wieder einmal anders aus. Man beabsichtigt noch einige MRT-Aufnahmen von mir zu machen. Das Schild wandert also wieder an seinen vorherigen Platz zurück. Nach einigen Ewigkeiten werden endlich die Untersuchungen abgeschlossen und ich erwarte meine erste richtige Mahlzeit.

Ich bekomme ein thailändisches Frühstück. Es gibt eine lecker riechende Suppe mit zwei Scheiben trockenem Toast und Rührei. Klasse! Normalerweise. Mein Magen sperrt sich gegen die Nahrungsaufnahme. Mit Müh' und Not quäle ich mir einen halben trockenen Toast herunter. Den Rest lasse ich stehen. Obwohl ich großen Hunger habe, signalisiert mir mein Magen, dass nicht essen im Moment für mich besser ist als essen.

Zur Abwechslung bekomme ich Besuch. Andreas kommt mit seiner thailändischen Frau vorbei. Der Inhalt unseres Gespräches rauscht an mir vorbei. Scheinbar zeigen die mir verabreichten Schmerz- und Beruhigungsmittel ihre Wirkung. Aber es ist sehr schön für mich, nicht allein im Zimmer zu sein. Zudem macht mein Besuch einen äußerst sympathischen Eindruck auf mich.

»Da hat Michaela ja großes Glück gehabt, dass sie auf Andreas getroffen ist«, denke ich mir.

Die beiden haben mir thailändisches Obst mitgebracht. Die klein geschnittenen Früchte sind von der Schale her unseren Birnen ähnlich. Den Geschmack kann ich nicht definieren. Das liegt aber weniger an den Früchten, sondern eher an meinen Geschmacksrezeptoren, die alles bei mir im Mund befindliche als Pappe einsortieren. Nach vier, fünf Stücken meldet mein Magen: Ende der Nahrungsaufnahme. Es ist schon paradox. Trotz meines großen Hungers sperrt er sich weiterhin.

Ein Arzt betritt zusätzlich mein Zimmer. Für morgen ist die Rückreise von Michaela und mir nach Deutschland geplant. Endlich geht es bergauf. Die Einzelheiten werden noch besprochen. Andreas und seine Frau wollen noch zu Michaela ins Krankenhaus. Sie rücken nicht so recht mit der Sprache heraus, was sie hat. Die beruhigende und beschwichtigende Art der beiden wirkt auf mich positiv, so dass ich mir keine Sorgen um Michaela mache. Außerdem geht's ja bald nach Hause. Hoffentlich mit Michaela zusammen. Die beiden verabschieden sich mit dem Versprechen, alles dafür zu tun, dass Michaela und ich gemeinsam unsere Rückreise antreten werden. Ich vertraue den beiden voll und ganz.

Einige Stunden später erscheinen zwei Mitarbeiter der »Europe Assistance«, der Dachorganisation der Auslandskrankenversicherungen. Die sehr freundlichen Helfer berichten von ihrer Planung. Im Laufe des morgigen Nachmittags wird Michaela aus ihrem Krankenhaus zu mir gebracht. Gegen 18 Uhr soll ein Arzt der »Europe Assistance« zu uns kommen, um unseren Transport zum Flughafen zu beaufsichtigen. Was für schöne Aussichten. Meine Freude ist allerdings nur von kurzer Dauer. Eine Angehörige der Deutschen Botschaft gesellt sich zu uns. Sie wolle mir lediglich mitteilen, dass ich irgendwann in den nächsten Tagen mit Hilfe der Bundesregierung nach Deutschland geflogen werden würde.

»Sie brauchen sich keine Mühe zu machen«, entgegne ich ihr, »Ich fliege schon morgen nach Hause.«

Der Botschaftsangehörigen ist das vollkommen egal. Sie besteht darauf, dass ich als Deutscher auch von der Deutschen Botschaft, beziehungsweise Bundesregierung, außer Landes gebracht werde. Ich habe große Angst, dass mein für morgen geplanter Rückflug von der Deutschen Botschaft rückgängig gemacht wird.

Zum Glück bin ich nicht allein im Zimmer. Die Mitarbeiter der »Europe Assistance« versichern der Botschaftsangehörigen und mir, dass ich definitiv morgen mit Michaela nach Deutschland fliegen werde. Als die Botschaftsangehörige, immer noch uneinsichtig, die Interessen der Bundesregierung über mein Wohlbefinden stellt, geleiten die Mitarbeiter der Auslandskrankenversicherung sie sanft aber bestimmt aus meinem Zimmer. Wir drei schauen uns verwundert an. Ich berichte von meinem Erlebnis im

»Airport Phuket«, als die Deutsche Botschaft, im Gegensatz zu allen anderen Ländern, mit Abwesenheit glänzte. Zuerst kümmert man sich nicht um mich, und dann werden mir auch noch Steine in den Weg gelegt. Gott sei Dank haben meine unzähligen Telefonate und die Mühen aus meinem privaten Umfeld Früchte getragen.

Es ist der Nachmittag des 31.12.2004, Silvester. Nach Feiern steht mir überhaupt nicht der Sinn. Aber in Erwartung meines baldigen Rücktransportes hat sich meine Stimmung schon deutlich verbessert. Die Tür zu meinem Krankenzimmer öffnet sich und es kommt ... »Michaela!« platzt es freudig aus mir heraus. Sie wird in einem Rollstuhl neben mein Bett geschoben. Wir sind beide überglücklich uns wiederzusehen. Allerdings fällt die Freude doch sehr verhalten aus. Da ich mich nicht bewegen und vor Schmerzen auch keine Berührungen ertragen kann und Michaela auch von Verletzungen geplagt ist, liegen beziehungsweise sitzen wir einfach nebeneinander. Sie wirkt erschöpft und erleichtert. Aber was für eine Freude! Vier Tage haben wir uns nicht gesehen und nicht miteinander gesprochen. Das gab es noch nie in unserer Beziehung. Und was ist uns beiden alles in diesen vier Tagen widerfahren. Es waren die schmerz- und angstvollsten Tage unserer beider Leben. Aber jetzt, wo Michaela da ist, darf es auch endlich mit dem Rücktransport losgehen. Wobei wir wohl noch ein paar Stunden warten müssen.

Wie angekündigt erscheint auch der Arzt der »Europe Assistance«. Doctor Delony hatte sich heute Morgen in Washington ins Flugzeug gesetzt. Seine erste Aufgabe ist es, Michaela und mich zum Flughafen zu begleiten. Normalerweise arbeitet er als Unfallchirurg und gibt Vorlesungen an der Universität von Washington. Von Zeit zu Zeit ist er als Arzt in Krisengebieten tätig. So hat er wohl auch Einsätze in Afghanistan gehabt. Doctor Delony ist ein Profi durch und durch. Mit seiner lockeren Art schafft er eine entspannte Atmosphäre und gibt uns das Gefühl von Geborgenheit. Ganz nebenbei untersucht er uns, füllt die notwendigen Formulare aus und macht einen Witz nach dem anderen. Außerdem gibt er mir schon einmal eine Spritze, damit ich den Transport besser überstehe. Ich erinnere mich. Jedes Mal, wenn eine Verlegung in ein anderes Krankenhaus bevorstand, bekam ich eine extra Portion Schmerz- und Beruhigungsmittel.

Jetzt ist es endlich soweit. Eine Hand voll Krankenhausmitarbeiter betreten mein Zimmer. Ich werde gefragt, ob ich das DIN-A4-große Foto des thailändischen Königs, welches in meinem Zimmer hängt, mitnehmen möchte. Ich brauche nicht lange zu überlegen.

»Yes, yes. Of course.«

Das Foto steht stellvertretend für die uneigennützige, freundliche, und kompetente Hilfe, die mir die Thailänder entgegenbrachten. Wenn ich alleine daran denke, wie viele Thailänder mir bereitwillig ihr Handy gaben, damit ich nach Deutschland telefonieren konnte. Neben dem OP-Hemd, das ich anhabe, ist das Foto der einzige Besitz, den ich noch habe. Der Zettel mit der Telefonnummer der holländischen Dolmetscherin ist mir irgendwo verloren gegangen. Mit so wenig »Gepäck« bin ich noch nie aus dem Urlaub zurückgekommen.

Michaela und ich werden mit Hilfe von Doctor Delony und den Krankenhausmitarbeitern aus dem Zimmer gefahren. Zum ersten Mal erblicke ich den Eingangsbereich des Krankenhauses. So etwas habe ich nicht erwartet. Das Ambiente gehört eher zu einem Fünf-Sterne-Hotel, als zu einem Krankenhaus.

»Okay«, denke ich, »nach all dem, was ich in diesem Krankenhaus gesehen und erlebt habe, hätte ich es kaum besser treffen können als hier.«

Die Fahrt zum Flughafen ist die reinste Hölle für mich. Der Fahrer nimmt jedes Schlagloch mit. Hinzu kommt diese unerträgliche Hitze. Am Flughafen angekommen, fahren wir sofort aufs Rollfeld. Es gibt weder eine Pass- noch eine Gepäckkontrolle. Na ja, Michaela und ich haben beides nicht. So schnell und unbürokratisch habe ich noch nie das »Einchecken« erlebt.

Zum wiederholten Male verschlechtert sich mein Gesundheitszustand. Mir geht es so schlecht, dass ich befürchte, den Flug nicht zu überleben. Die mich betreuenden Ärzte können mir keine weiteren Medikamente mehr verabreichen. Ich habe wohl alles Machbare schon intus. Nach etlichen Diskussionen werde ich gegen meinen Willen ins Flugzeug geladen. Hoffentlich sterbe ich nicht über den Wolken über irgendeinem Niemandsland. Ich weiß nicht warum, aber so möchte ich auf alle Fälle nicht sterben.

Das Flugzeug ist ein ganz normales Boeing-Passagierflugzeug. Die vordere Hälfte ist für die Verletzten vorgesehen, die noch gehen können. In der hinteren Hälfte sind die Rückenlehnen umgeklappt, so dass eine ebene Fläche entstanden ist. Hierauf werden die Liegen mit den Verletzten festgezurrt. Das Personal wird von der »Europe Assistance« gestellt. Ärzte, Pfleger und Psychologen sind allesamt Franzosen und kümmern sich rund um die Uhr um uns.

Der Flugplan sieht Folgendes vor: Zwischenlandung in Kuwait und auf Kreta. Anschließend umsteigen in Mailand, da das Flugzeug als Ziel Paris hat. In Mailand wartet dann ein kleines Flugzeug, um uns nach Bremen zu fliegen.

Das, fast ausschließlich medizinische, Personal an Bord der Boeing ist sehr bemüht. Ohne eine Pause zu haben, betreuen sie uns Verletzte sehr gewissenhaft. Für alle Krisensituationen haben sie sofort die entsprechende Lösung parat. Wie ich erfahre, haben diese Ärzte, ähnlich wie Doctor Delony, schon mehrmalige Einsätze bei Katastrophen gehabt. Auch sind sie sich nicht zu schade für nicht medizinische Belange. Als ich nach einer Apfelsine frage, bekomme ich eine vom Arzt abgeschälte. Und das, obwohl ich selbst in der Lage gewesen wäre, die Apfelsine von ihrer Schale zu befreien.

Neben mir liegt ein ungefähr dreißigjähriger Schweizer. Er kann sich, ebenso wie ich, kaum bewegen und ist von Kopf bis Fuß in Verbandsmaterial eingewickelt. Wir unterhalten uns nur einmal kurz. Er berichtet mir von seiner Tsunamierfahrung. Seine Freundin und er hatten genau so einen Strandbungalow buchen können, wie ich es ursprünglich auch vorhatte: Direkt am Strand in erster Reihe gelegen mit einer schönen Veranda. Vom Schlafzimmer aus hatten die beiden einen traumhaften Blick aufs Meer. Zum Zeitpunkt des Tsunamis lagen die beiden noch im Bett. Die Riesenwelle durchbrach die große Fensterfront zur Veranda hin, um die beiden samt Bett gegen die nächste Wand zu werfen. Seine Freundin überlebte nicht.

Da wurde mir wieder einmal bewusst, was für ein unglaubliches Glück Michaela und ich hatten.

Am 1. Januar 2005 landen wir im Laufe des Vormittages in Mailand. Es ist bitterkalt. Ich schätze die Temperaturen etwa um den Gefrierpunkt. Meine Bekleidung besteht lediglich aus einem OP-Hemd. Zudem bin ich noch mit einer dünnen Decke zugedeckt. Da es einige Probleme bereitet, und somit Zeit kostet, meine Liege mit mir in das kleine Flugzeug zu schaffen, erlebe ich nach Tagen der schwülen Hitze eine fast vergessene Körperempfindung: Ich friere. Auch das ist für mich sehr unangenehm. Durch das Zittern meiner Muskeln komme ich ständig in Körperhaltungen die wehtun. Nach einigem hin und her kann meine Verladung erfolgreich abgeschlossen werden.

Irgendwann am Mittag, nach 20 Stunden Flugzeit, erreichen wir den Bremer Flughafen. Die Hausärztin von Michaela und mir hat für uns zwei Krankenwagen organisiert und vorab die Ärzte eines Bremer Krankenhauses informiert. Michaelas Eltern sowie ihre Schwester und deren Lebensgefährte bilden das Empfangskomitee auf dem Rollfeld. Leider bekomme ich davon überhaupt nichts mit. Meine letzten Kraftreserven brauche ich, um den Flug zu überstehen.

Die Fahrt im Krankenwagen ist, sofern eine Fahrt im Krankenwagen überhaupt so eingeschätzt werden kann, sehr angenehm, da sie im Gegensatz zu meinen thailändischen Erfahrungen ruhig verläuft. Kein Verkehrsstau, kein plötzliches Beschleunigen, kein unerwartetes Abbremsen und keine 35° C. Nach einer knappen halben Stunde Fahrt sind wir am Zielort angekommen. Ich bemerke einen für mich niemals für möglich gehaltenen Gedanken. Ich bin froh am Neujahrstag in ein Krankenhaus eingeliefert zu werden. Ein schöner Moment für mich. Endlich zu Hause. Endlich wieder sich ausschließlich auf Deutsch unterhalten. Endlich wieder Verwandte, Freunde und Bekannte wieder sehen. Endlich wieder gesund werden. Fast zeitgleich werden Michaela und ich in die Untersuchungsräume gebracht.

Teil 2

Die Krankenhaus- und Rehazeit

Das äußerst zuvorkommende und freundliche Krankenhaus-personal bereitete die Untersuchungen vor. Behutsam entfernte man mir sämtliche Verbände. Meine Verletzungen wurden untersucht und fotografiert. Ich hatte Schnittwunden von Kopf bis Fuß. Die wenigsten mussten genäht werden, doch auch sie erreichten eine Gesamtlänge von über einem Meter. Allein die genähten Risswunden am Kopf waren 23 cm lang.

»Oh«, dachte ich mir, »wenn meine Wunden fotografiert werden, dann muss ich wohl schwerer verletzt sein.«

Ich war aber nicht in der Lage, daraus eine entsprechende Schlussfolgerung zu ziehen. Vielmehr war ich immer noch der Meinung, nach ein paar Tagen das Krankenhaus als gesunder Mensch verlassen zu können.

Anschließend folgten weitere Kernspintomografie-Aufnahmen. Die Ärzte planten folgende Vorgehensweise: Für zwei bis drei Stunden sollte ich auf die Intensivstation, um dann operiert zu werden. Danach käme ich mit Michaela in ein Zimmer. Die Stunden auf der Intensivstation erlebte ich in Trance, da man mir operationsvorbereitend schon ein Beruhigungsmittel gegeben hatte. Außerdem steckte mir noch die Anstrengung der Flüge sowie die Vortage in den Knochen. Da ich mich in Sicherheit fühlte, hatte ich seit Tagen zudem erstmals das Gefühl loslassen zu können.

Als ich am nächsten Morgen wieder aufwachte, war ich zwar immer noch auf der Intensivstation, die OP war allerdings vorbei. Ich wurde gewaschen – die erste Körperpflege seit dem Morgen des 26. Dezember – und erhielt noch ein Frühstück: Pappbrötchen, eingeschweißte, kleine Portionen von Marmelade und Nussnugatcreme. Das gehört normalerweise überhaupt nicht zu meinen Frühstücksgewohnheiten. Doch diesmal war es das reinste Kaiser- und Fürstenfrühstück für mich. Ich aß soviel ich nur irgendwie konnte und genoss jeden Bissen. Danach kam ich zu Michaela aufs Zimmer. Große Freude erfüllte mein Herz. Wir hatten es nach Tagen der Tortur geschafft und waren beide lebend in Deutschland angekommen. Die Ruhe im Zimmer war unbeschreiblich schön. Michaela konnte sogar ein wenig aufstehen, so dass ich nicht nur auf fremde Hilfe angewiesen war. Noch am selben Tag erschien der Chefarzt und klärte verschiedene Dinge mit uns ab: Da war zunächst ein mysteriöser Anruf eines Journalisten auf dem Privathandy einer Krankenschwester, die zum Untersuchungsteam bei unserer Einlieferung gehörte. Sie war nach Dienstschluss, in der Nacht vom 1. auf den 2. Januar, auf ihrem Nachhauseweg, als ihr Handy klingelte. Der Journalist bat um nähere Einzelheit bezüglich Michaelas und meinen Tsunamierlebnissen. Allen Beteiligten war es unerklärlich, wie der Journalist die Handynummer der Krankenschwester erhalten hatte und wie er von uns wusste. Michaela und ich waren uns sofort ohne zu überlegen einig, dass wir überhaupt kein Interesse hatten, mit fremden Menschen über unsere Erlebnisse zu sprechen. Somit veranlasste der Chefarzt, dass wir offiziell nicht als Patienten im Krankenhaus geführt wurden.

Zudem riet er uns, sofort psychologische Hilfe in Anspruch zu nehmen. Das Zugunglück vor Jahren in Eschede habe gezeigt, dass es den Beteiligten ohne psychologische Betreuung deutlich schlechter gehe als mit psychologischer Betreuung. Wir stimmten zu.

Ja, und ich müsse erst einmal jeden zweiten Tag operiert werden. Nach der dritten oder vierten OP würde man dann das weitere Vorgehen entscheiden.

»Kein Problem«, dachte ich mir. Ich fühlte mich geborgen, konnte aber andererseits meine allgemeine Lage gar nicht überblicken. Für mich war es einfach nur schön mit Michaela an einem sicheren Ort zu sein. Außerdem hatten uns Freunde schon ein Krankenhaustelefon organisiert und dieses mit einem Guthaben aufgefüllt. Somit war der Kontakt zur Außenwelt wieder hergestellt. Zu diesem Zeitpunkt wusste ich nicht, dass ich in diesem Krankenhaus insgesamt 48 Tage bleiben würde ...

Während der ersten 24 Krankenhaustage wurde ich insgesamt 11 Mal operiert. Meine Rippenbrüche, die Schultereecksgelenkssprengung, die abgerissenen Bauchmuskeln und die gequetschte Lunge und Niere brauchten nicht operativ versorgt zu werden. Bei den nun durchgeführten Operationen ging es, neben dem einmaligen Richten eines Zehenbruches, darum, das immer wieder von neuem mit Bakterien verseuchte Gewebe am Bein wegzuschneiden. Sie stellten in meinem Körper ein großes Problem dar. Nach vielen Blutuntersuchungen wurden die kleinen Plagegeister endlich identifiziert. Es waren zwei Sorten, die unterschiedlicher nicht hätten sein können. Die einen benötigten Sauerstoff zum Leben, die anderen starben in der Umgebung von Sauerstoff. Somit konnte je nach Therapie eine Sorte fröhlich weiterleben. Zwischendurch hatten sich die Bakterien schon bis zur Knochenhaut meines Unterschenkels vorgearbeitet. Die Ärzte entschlossen sich, einen Teil eines Schienbeinmuskels abzutrennen und diesen als Barriere für die Bakterien über den Knochen zu legen. Zusammen mit der medikamentösen Behandlung sollte dies der Tod für sie sein. Wären die Bakterien in den Schienbeinknochen gelangt, so hätte es nur zwei Möglichkeiten gegeben: Entweder Amputation des Unterschenkels oder aber Tod durch Blutvergiftung.

Aufgrund meiner hochgradig infizierten Wunden bekam ich eine maximal dosierte Antibiotika-Therapie. Die zusätzliche Einnahme der vielen Narkosemittel und Schmerzmedikamente schwächte meinen Körper immens. Wie entkräftet er zu dieser Zeit war, verdeutlicht am besten folgendes Beispiel: In meiner dritten Krankenhauswoche begann der mich betreuende Physiotherapeut mit der Therapie. Erste Übung: Im Bett hinsetzen. Mit seiner Hilfe schaffte ich es auch unter größter Anstrengung mich für eine Minute im Bett nahezu aufzurichten. Seit dem Vormittag des 26. Dezember 2004 hatte ich ununterbrochen gelegen. Jede Form von Bewegung führte aufgrund der vielen Prellungen und weiterer Verletzungen zu nicht tolerierbaren Schmerzen. Während der gesamten Übung musste ich ständig thailändischen Sand abhusten. Offensichtlich hatte ich ihn eingeatmet als der Tsunami mich mitriss. Das Abhusten des Sandes erstreckte sich ungefähr über vier Wochen.

Nachdem ich während meiner sechstägigen thailändischen Krankenhauszeit nicht geschlafen und nicht gegessen hatte, spielten nun der beruhigende und anregende Teil meines Nervensystems verrückt: So schlief ich in den ersten zwei Wochen in Deutschland trotz Hilfe von Schlafmedikamenten maximal ein bis zwei Stunden täglich. Auch die Regulierung meines Verdauungssystems fuhr Achterbahn. Kaum hatte ich einen Bissen heruntergeschluckt, meldete sich mein Darmausgang. Tagsüber kam ich kaum zur Ruhe, wollte dies aber auch nicht unbedingt. An die 200 Personen aus meinem privaten Umfeld meldeten sich telefonisch, persönlich oder schriftlich bei mir und sorgten somit für eine willkommene Abwechslung.

Es muss ungefähr meine zweite Woche im Bremer Krankenhaus gewesen sein, als ich zum ersten Mal in Deutschland wieder den Fernseher eingeschaltet hatte. Die Flimmerkiste zeigte, wie der Tsunami in Khao Lak ans Ufer rauschte und nahezu alles mitnahm, was sich ihm in den Weg stellte. Am beeindruckendsten waren für mich die Aufnahmen, wie ein tonnenschwerer Geländewagen einem Spielzeugauto gleich durch die Luft gewirbelt wurde. Die Welle schien etwa haushoch. Im selben Augenblick war mir klar, dass normalerweise jeder Mensch stirbt, der von dieser Welle erfasst wird. Wenn er nicht ertrinkt, so ist die Wahrscheinlichkeit durch die Wucht der Wassermassen irgendwo gegen geschleudert und dabei tödlich verletzt zu werden bei fast 100 Prozent. Doch in diesem Zimmer lag jemand, der überlebt hatte. Ich heulte los. Die Welle hatte mit ihrer ungeheuren Kraft so unglaublich viele Menschen getötet und verkrüppelt. Und dann gab es auch noch die Angehörigen der Opfer, die so sehr leiden mussten. Dazu die vielen Menschen, die durch den Tsunami in eine finanzielle Armut gestoßen worden sind.

In den Tagen zuvor hatte ich meinen Besuchern immer erzählt, wie glücklich ich sei, überlebt zu haben. Doch jetzt mit den dazugehörigen Bildern bekam das Ganze noch eine weitere Dimension. Ich hatte zusammen mit Michaela das Unmögliche überlebt. Ein doppelter Lottogewinn. Offenbar sollten wir noch nicht sterben beziehungsweise wurde uns ein neues Leben geschenkt. Mein Körper und meine Seele füllten sich mit Dankbarkeit.

Auch wenn noch sehr viele schwierige Phasen auf mich zukommen sollten, erinnerte ich mich immer wieder an eines: Ich habe das Unmögliche (den Tsunami) überlebt, dann schaffe ich es auch, diese Situation zu meistern! Besonders bei dem nicht enden wollenden, nervigen Schriftwechsel mit Behörden und Hilfsorganisationen war dies die Triebfeder meines Schaffens.

Zwischen den Operationen war ich fast ausschließlich am Telefonieren, Genesungspost lesen und Besuch empfangen. Ohne diese vielen Kontakte hätte ich diese Zeit wahrscheinlich nicht überlebt. Neben den vielen aufmunternden und ablenkenden Worten ist mir besonders positiv in Erinnerung geblieben, dass verschiedene Freunde und Verwandte mir Essen brachten. Das Krankenhausessen war qualitativ eine Katastrophe und viel zu nährstoff- und vitaminarm. Da mein Körper gegen eine Vielzahl von Bakterien zu kämpfen hatte, war es mir wichtig, mich von reinen, sprich Nahrungsmitteln aus kontrolliert-biologischem Anbau, und gehaltvollen Lebensmitteln zu ernähren. Außerdem wurde ich noch von Freunden mit homöopathischen Medikamenten behandelt. Etwa ab Ende Januar erlitt ich die ersten psychischen Zusammenbrüche, dann wollte ich niemanden mehr sprechen. Zu diesem Zeitpunkt überkam mich regelmäßig die Verzweiflung, nie wieder auf die Beine kommen zu können. Besonders schwer wog meine ungewisse finanzielle Zukunft. Als Selbstständiger hatte ich ein Polster für drei Monate. Von Krankenhaustag zu Krankenhaustag wurde mir aber immer mehr bewusst, dass ich doch schwerer verletzt war, als ich zunächst angenommen hatte. Mitte Januar hatte ich die Hoffnung, Anfang Februar wieder arbeiten zu können. Anfang Februar glaubte ich noch, Mitte März wieder voll und ganz für meinen Lebensunterhalt aufkommen zu können. Doch auch diese Erwartung stellte sich kurze Zeit später als trügerisch heraus. Im April wäre ich nicht mehr in der Lage gewesen die Miete für Wohnung und Praxis zu zahlen. Da Michaela, als einzige Angestellte in meiner Praxis, aufgrund ihrer Verletzungen auch nicht in der Lage war, Geld zu verdienen, offenbarte sich mir ein Horrorszenario: Das angemietete Wohnhaus mit integrierten Praxisräumen muss gekündigt werden und der Umzug in eine Sozialwohnung erfolgen. Das hätte zur Folge gehabt, dass ich meine Praxisräume, sprich Existenzgrundlage, verliere. Abgesehen davon war es mir schleierhaft, wie eine Wohnungssuche beziehungsweise ein Umzug vom Krankenhausbett zu bewerkstelligen sei.

Die rettende Idee war das Starten eines Spendenaufrufes. Mit Hilfe von Freunden wurden Anfang Februar Kontakte zur örtlichen Presse hergestellt, die meinen »Fall« veröffentlichten. Die Resonanz fiel nicht nur aus finanzieller Sicht positiv aus. Ich bemerkte immer mehr, wie viele Menschen doch an mich glaubten und mir Mut zusprachen. Vielen Dank für Ihre/Eure finanzielle und emotionale Unterstützung! Zu diesem Zeitpunkt erwähnte ich immer wieder, dass ich zwei Tsunamis erlebt hatte. Den ersten in Thailand, der mich nahezu zerstörte. Den zweiten, nicht minder gewaltig, war der der Hilfe in Deutschland.

Am 19. Januar stand die vorletzte OP an. Die Ärzte waren sich sicher, die Bakterien in meinem linken Bein in den Griff bekommen zu haben. Die Wundversorgung fand von nun an im Krankenzimmer statt. Ich schaute dabei zu, wie die Ärzte die Wunde reinigten und abgestorbenes Fleisch weg schnitten. Mittlerweile empfand ich keinen Wundschmerz mehr. Freie Nervenendigungen für das Schmerzempfinden existierten offenbar nicht mehr in meinem linken Unterschenkel. Neben der täglichen Krankengymnastik übte ich auch selbst, um meinen Kreislauf zu stärken. Entweder raste ich im Rollstuhl oder humpelte an meinen Unterarmgehstützen über die Flure des Krankenhauses. Auch schaffte ich es mittlerweile die Treppen zu benutzen. Damit wurde mein Aktionsradius von Tag zu Tag etwas größer. Die Genesungswünsche rissen immer noch nicht ab. Ich bekam von morgens bis abends Besuch, las aufmunternde Briefe und absolvierte mein Fortbewegungsprogramm.

Nahezu einmal wöchentlich fiel ich in eine Depression. Ich war absolut verzweifelt über meine gegenwärtige Situation. Immer häufiger wurde mir bewusst, dass ich noch meilenweit von einem normalen Leben entfernt war. So erlebte ich eine emotionale Achterbahnfahrt zwischen der Aufmunterung durch mein privates Umfeld und meinen Zukunftsängsten.

Für den dritten Februar stand dann die zwölfte und letzte OP an. Da die Beinwunden zu groß waren, wurden sie mittels einer Hauttransplantation verschlossen. Die Ärzte hofften, dass sich die restlichen Bakterien im postoperativen Heilungsverlauf weiterhin ruhig verhalten würden.

Zu Hause angekommen hatte ich fünf Tage Zeit bis zum Antritt der sechseinhalbwöchigen Reha-Zeit. In diesen drei Tagen wurde mir bewusst, was ich alles nicht kann und wie sehr ich auf fremde Hilfe angewiesen bin. Aufgrund der schwere meiner Beinverletzung konnte ich beispielsweise mein linkes Bein nicht beugen. Das bereitete unter Anderem große Probleme beim Anziehen, Ausziehen sowie beim Hinsetzen auf einen Stuhl. Etwas vom Erdboden aufzuheben war gar nicht möglich. Die Unfähigkeit meinen Alltag alleine zu bewältigen lies mich binnen kürzester Zeit in die nächste psychische Krise stürzen. Ich wollte nicht mehr weiterleben. So beschloss ich, weder zu essen noch zu trinken und hoffte, dass die Medikamente mich vergiften würden. Michaela bemerkte dies und schaltete den sozialpsychiatrischen

Notdienst ein, der alsbald bei mir im Zimmer stand. Ich fühlte mich total in die Enge getrieben. Da lag ich im Bett und wildfremde Menschen sagten mir, was ich zu tun hätte und was nicht. Ich hatte keine Chance aus dieser Situation zu fliehen. Mit meinen Unterarmgehstützen wäre ich nicht an zwei Personen vorbeigekommen, und selbst wenn doch – wohin sollte ich fliehen? Ich hätte mich lediglich ein paar Schritte aus dem Haus entfernen können. Und dann? In diesem Moment war mir klar: Ich war nicht frei in meinen Handlungen. Mir stand nur ein kleiner Bewegungsraum zur Verfügung. Der sozialpsychiatrische Notdienst stellte mich vor die Wahl: Entweder ich fange wieder an zu essen oder ich werde in eine psychiatrische Klinik eingewiesen. Nein, ich wollte nicht schon wieder meinen ersten Wohnsitz in einem Krankenhaus haben. 54 Tage waren genug für mich. So machte ich das Spiel mit und hoffte, in der Reha endlich meine Ruhe zu finden. Außerdem verringert eine Reha-Klinik, ähnlich wie ein Krankenhaus, die Alltagsbelastung. Kein einkaufen, kein kochen, kein sauber machen etc.

In der Reha-Zeit erholte ich mich zusehends. Trotz täglicher Schmerzen und Bewegungseinschränkungen verbesserte sich mein körperlicher Fitnesszustand. Gleichzeitig bekam ich auch mehr Freiheit zurück. Ich genoss es, mehrmals am Tag bei Temperaturen von - 10° C draußen herumzuhumpeln. Die Kälte war mir selbst als Rheumatiker nicht nur egal, sondern angenehm. Die klare, frische Luft zu atmen, das war eine neue, vorher nie gekannte Lebenserfahrung. Da störte mich auch meine spärliche Bekleidung nicht. Ich konnte nämlich keine Socken tragen, da ich viel zu unbeweglich war, um welche anzuziehen. Durch die Schwellung in meinem linken Fuß und Bein passten mir zudem nur ein paar ausgelatschte Turnschuhe.

Mitte April war dann meine Reha-Zeit beendet, ich wurde nach Hause entlassen und konnte mittlerweile schon 20 Minuten an Unterarmgehstützen gehen.

Endlich daheim

Die Freude über meine Heimkehr war groß. Schließlich hatte ich nicht vorgehabt, mich so lange in medizinische Obhut zu begeben. Doch die Ernüchterung folgte alsbald. Da Michaela ihrerseits eine stationäre Reha-Maßnahme angetreten hatte, befand ich mich plötzlich in einer paradoxen Situation: Zum einen konnte ich nun mein Leben selbstständig bestimmen, zum anderen war ich damit vollkommen überfordert. Allein die Hausarbeit barg täglich ungeahnte Hindernisse. Aufgrund meiner immer noch eingeschränkten Mobilität schaffte ich es kaum, etwas vom Boden aufzuheben. Dies ging nur, indem ich mich mühsam hinlegte, um dann den Gegenstand in die Hand zu nehmen. Das Aufstehen war ebenso schwerfällig wie langwierig. Staubsaugen oder putzen mit zwei Unterarmgehstützen in den Händen war auch nicht leicht. Fremde Hilfe anzunehmen fiel mir schwer, da ich einen Schritt weiter nach vorne in die Selbstständigkeit machen wollte. Nachdem ich morgens aufgestanden, mich gewaschen und gefrühstückt hatte, folgte immer ein Arzt-, Krankengymnastik-, Heilpraktiker-, Traumatherapie- oder Osteopathietermin. Im Anschluss daran schlief ich zu Hause mehrere Stunden. Nachts benötigte ich in der Regel zusätzlich 14 Stunden Schlaf.

Eine meiner ersten Aktivitäten führte mich zum Orthopäden meines Vertrauens. Die schon direkt nach meinem Unfall gespürten Knieschmerzen waren besonders während der Reha wieder stärker geworden. Die dortigen Untersuchungen erbrachten dasselbe Ergebnis wie zuvor im Krankenhaus: Alles in Ordnung, eventuell sei das vordere Kreuzband defekt. Diese Meinung konnte ich schon damals nicht teilen. Zum einen sagte mir mein Körpergefühl etwas anderes. Zum anderen fand ich die vorgenommenen manuellen Untersuchungen der Ärzte viel zu ungenau. Der Orthopäde nun hingegen schloss sich nicht der Meinung seiner Kollegen an. Seine Diagnose wurde durch eine noch am selben Tag durchgeführte Kernspintomographie leider bestätigt: Riss des vorderen und hinteren Kreuzbandes, des Innenbandes und des Innenmeniskus' sowie Außenmeniskuskompression. Zwei Operationen seien notwendig mit insgesamt anderthalb Jahren Rekonvaleszenzzeit.

»Ausgeschlossen!«, dachte ich, »nach dem, was ich erlebt habe, lege ich mich in diesem Leben auf keinen Operationstisch mehr.« Allein der Gedanke an einen Operationsraum löste schon einen Flashback aus.

»Die Knieverletzungen bekomme ich schon konservativ wieder in den Griff. Ich will ja auch keine sportlichen Höchstleistungen mehr vollbringen.«

Ich erlebte ein Leben wie in Trance. Zum einen musste ich bei jeder Bewegung mit meinen Schmerzen umgehen. Außerdem war aufgrund der vielen Operationen mein Unterschenkel fast vollständig vernarbt, was im Fußgelenk eine starke Unbeweglichkeit verursachte. Mein Knie dagegen war wegen der vielen Bänderrisse instabil und überbeweglich. Somit musste ich bei jedem Schritt genau aufpassen, wo und wie ich meinen Fuß hinsetzte. Zum anderen waren meine Seele und Psyche vom erlittenen Trauma beherrscht. Meine Umgebung nahm ich wie durch einen Schleier wahr. Die Gespräche, die ich führte, waren bestimmt durch die

Monsterwelle. Jeder Mensch, den ich traf, fragte mich, aus gut nachvollziehbaren Gründen, natürlich nach meinen Erlebnissen mit und nach dem Tsunami. Am schlimmsten sind für mich in dieser Zeit die unverhofften Kontakte gewesen. Die Antworten waren immer dieselben. Wenn ich beispielsweise gerade am Einkaufen gewesen war, so war dies eine Tätigkeit, die mich schon alleine vollkommen erschöpfte. Da aber meine Tsunamigeschichte in der lokalen Presse mit Fotos von mir publiziert wurde, war ich bekannt wie ein bunter Hund. Bei jedem Einkauf wurde ich für gewöhnlich dreimal angesprochen. Ich war mental und psychisch viel zu schwach, um meinem Gegenüber zu sagen: »Tut mir leid, ich möchte nicht darüber reden.«

So kam es, dass ich Mitte des Jahres 2005 weit über 500 Mal meine Erlebnisse erzählt hatte. Jede Erzählung ließ mich den Tsunami von neuem erleben. Abgesehen davon, dass ich jedes Mal am gesamten Körper durchgeschwitzt war, übermannte mich dann zu Hause der Schlaf. Nach und nach verstand ich langsam, was für eine Energieleistung Michaela, die schon Mitte Januar aus dem Krankenhaus entlassen worden war, während meiner Krankenhauszeit absolviert hatte. Jeden Tag danach besuchte sie mich, kaufte vorher für mich ein und beantwortete zusätzlich die eingehenden privaten und geschäftlichen Telefonate. Die Fahrzeit zum Krankenhaus betrug zwar nur eine knappe Viertelstunde, wie sie mir aber später offenbarte, war diese Strecke eigentlich viel zu lang für sie. Erst nach und nach wurde uns klar, dass sie weit über ihr Kraft- und Energiepotential gewirkt hatte.

Ich musste feststellen, dass Mitte 2005 mein Leben fast vollständig auf dem Kopf stand. Der Tsunami hatte nicht nur meinen Körper, sondern auch mein tiefstes Inneres durchgeschüttelt. Ich war gerade mal in der Lage, meine Grundversorgung und die The-

rapie- und Arzttermine wahrzunehmen. Ansonsten befand ich
mich in einer mir unbekannten Welt mit einem mir unbekannten
Michael Dwelk wieder. Mein Leben zu Hause war nämlich begleitet von ständigen Angst- und Schweißattacken. Jedes noch so
leise Geräusch in und außerhalb des Hauses ließ sofort mein Blut
in den Adern gefrieren. Mein Leben wurde beherrscht von einer
bis dahin nie gekannten Schreckhaftigkeit. Besonders schlimm
empfand ich das Klingeln an der Haustür. Meistens standen zwar
Freunde davor, die mich durch ihren Besuch ablenken und aufhei-
tern wollten. Aber von Zeit zu Zeit waren es mir unbekannte Personen. Diese Situationen überforderten mich vollends, denn ich
war zu diesem Zeitpunkt nicht in der Lage war, mich auf etwas
Unvorhersehbares zu konzentrieren und einzulassen. Da ich zu
Hause meistens schlief, beziehungsweise mich meinen Flashbacks
hingeben musste, wurde ich durch das Klingeln förmlich aufge-
schreckt. Das verursachte den ersten Schweißausbruch. Das müh-
same erreichen der Haustür den zweiten und beim Anblick einer
unbekannten Person den dritten. Richtig Angst bekam ich, als ein
homosexueller Mann, der sich aufgrund eines Zeitungsartikels in
mich verliebt hatte, zunächst schriftlich Kontakt zu mir aufnahm.
Als dann noch eine Nachbarin mir ein von ihm persönlich ange-
liefertes Paket brachte, hätte ich mich am liebsten verbarrikadiert.
Ich fühlte mich nicht mehr sicher zu Hause, da ich fürchtete, dass
dieser verliebte Mann weiterhin versuchen würde mich zu besuchen. Außerdem war mir angst und bange, was er mir bei seinem
nächsten Besuch antun würde. Von diesem Moment an schlief ich
mit einem großen Küchenmesser an meiner Seite, um vor potentiellen nächtlichen Besuchen und Überfällen gewappnet zu sein.
Wie man sich vorstellen kann, war ich somit meilenweit davon
entfernt, mich nachts zu erholen. Nach und nach zog ich mich
immer weiter zurück vom Leben. Auch in den Therapien ging es

ständig bergab. Die Fortschritte beim Muskelaufbau waren gleich null. Mein Körper hatte andere Probleme, als sich um die Umsetzung der physiotherapeutischen Behandlungsreize zu kümmern und somit Muskelmasse aufzubauen. Aber mein größtes Problem bei den Therapien war die durchaus berechtigte und nachvollziehbare Frage der Therapeuten: »Na, wie geht's dir denn heute?«

Tagtäglich mindestens einmal hörte ich diese Frage. Die ehrliche Antwort wäre gewesen: »Vollkommen beschissen!«

Da ich jedoch positiv mit meinem Leben umgehen und auch nicht negativ auf andere Menschen wirken wollte, machte ich jedes Mal einen Eiertanz um die Beantwortung. In diesem Zeitraum hatte jeder ambulante Traumatherapie-Termin dieses Thema zum Inhalt. Trotzdem fand ich keine mir adäquate Lösung für dieses Problem. Somit brach ich im Spätsommer 2005 bis auf die Traumatherapie sämtliche weiteren Therapien ab. Für mich schien dies der einzige Weg zu sein, um etwas mehr Ruhe in mein Leben zu bekommen. Mir war es auch vollkommen egal, dass ich auf körperlicher Ebene einen hohen Preis für diese Entscheidung zu zahlen hatte.

Im Herbst 2005 wurde ich abermals zur Kernspintomographie geschickt. Die Schmerzen in meinem linken Knie waren unerträglich geworden und die Unbeweglichkeit der Gelenke im linken Fuß blieb konstant. Kein Wunder, wie sich herausstellte. Wie bei Michaela befanden sich jede Menge Glas- und Holzsplitter im Fuß. Operation ausgeschlossen, da sich die kleinen Biester kaum lokalisieren ließen und die Chirurgen sich quasi im Blindflug durch den Fuß hätten durcharbeiten müssen. Ein Jahr später meldete sich die Körperstelle, an der ich die Nieren- und Lungenquetschung sowie die gerissenen drei Bauchmuskelstränge hatte. Nicht nur wieder schmerzhaft, sondern auch noch mit einer etwa hühnereigroßen Verdickung an meiner Körperflanke. Eine Verletzung, die schon in Thailand als Bauchwandhernie (Hernie = Eingeweidebruch) festgestellt, aber aufgrund der schwereren anderen Verletzungen in Deutschland nicht beachtet wurde. Durch meine nach und nach größeren Aktivitäten wurden jedes Mal bei Kraftanstrengungen aufgrund des größeren Druckes im Bauchraum Fett- und Muskelgewebe und unter Umständen auch ein Teil des Dickdarms durch das Loch im Bauchraum nach außen gedrückt. Der Dickdarm könnte dabei eingeklemmt werden, was eine Not-OP zur Folge hätte. Somit hätte ich mich gleich prophylaktisch operieren lassen können. Diese Möglichkeit war und ist für mich aus den bekannten Gründen ausgeschlossen.

Zurück zum Frühjahr 2005. Wie bereits beschrieben, stand ich ständig unter Anspannung. Selbst bei der Essenszubereitung und beim Essen fand ich im Gegensatz zu früher keine Entspannung. Zum einen war der Akt als solches eine größere Hürde. Es war eine zusätzliche Tätigkeit, für die ich mental keine Kapazitäten frei hatte. Zum anderen fehlte mir die Freude beim Kochen. Das Ergebnis war mir vollkommen egal, da sich meine Geschmacksrezeptoren ohnehin in einem tiefen Winterschlaf befanden. Somit würgte ich mir aus reinem Überlebenstrieb heraus irgendwelche Speisen hinein. Es schmeckte eh alles gleich – meistens nach Pappe. Aber es gab selbst zu dieser Zeit auch ein positives Erlebnis. Während Michaela sich in der Reha befand, waren zwei Nachbarskatzen auf der Suche nach einem neuen Zuhause. Sobald ich mich im Garten bewegte, belagerten mich beide und fingen an mit mir zu schmusen. Michaela dachte, wenn sie am Wochenende während ihrer Reha-Maßnahme zu Hause war, dass ich mir zwei Katzen zugelegt hätte, so vertraut waren die beiden mit mir. Nach ein paar Wochen – die eigentliche Katzenbesitzerin hatte kein Interesse mehr – zogen Merle und Urmel bei uns ein. Eine willkommene Abwechslung und Ablenkung im tristen Alltag. Das Geschwisterpaar hatte noch eine besondere Überraschung für uns parat. Merle gebar Ende Mai fünf Babys und Urmel übernahm als Onkel die Vaterrolle. Innerhalb kürzester Zeit waren wir insgesamt zu neunt im Haus. Die Katzenbabys wurden immer aktiver. Sieben Katzen verwandelten Haus und Garten in eine Spielwiese. Besonders zur Abenddämmerung tobten die Stubentiger durch das gesamte Haus. Drei Monate nach der Geburt konnten wir die Katzenkinder in fürsorgliche Hände innerhalb unseres Freundes- und Bekanntenkreises geben. Das Versorgen der Katzen war mittlerweile die erste Lebensaufgabe nach unserem Unfall, der wir uns vorbehaltlos stellen und die wir auch erfüllen und bewältigen konnten. In dieser Zeit kam der Gedanke auf, uns in Zukunft auch nur noch um Tiere zu kümmern. Der Umgang mit ihnen war problemloser und einfacher als der mit Menschen. Jedoch konnten wir nicht aus der Menschenwelt fliehen. Zumindest eine große Hürde war noch irgendwie zu meistern: Die finanzielle Situation.

»Unbürokratische Hilfe«

Im Januar 2005 erlebte ich einen Lichtblick, als ich Fernsehen im Krankenhaus schaute. Der damalige Innenminister Schily versprach den deutschen Tsunamiopfern vor laufenden Kameras eine Hilfe von insgesamt drei Millionen Euro. Gerade für mich als Selbstständigem, der keine Lohnfortzahlung im Krankheitsfall erhält, ein schöner Silberstreif am doch so düsteren finanziellen Horizont. Sofort begannen einige Freunde und Verwandte für mich eine Unterstützung zu beantragen. Doch zu unserer allgemeinen Verwunderung wusste bei der Bundesregierung niemand davon. Nach vielen Telefonaten wurde eine Dame genannt, die sich um die deutschen Tsunamiopfer kümmern würde. Die Enttäuschung war groß, als wir erfahren mussten, dass sie nicht mehr bei der Regierung arbeitete. Ihre Nachfolgerin wusste, wie alle anderen Regierungsmitarbeiter, nichts von dem von Herrn Schily ins Leben gerufenen Fond. Kommissar Zufall meinte es dann vermeintlich doch noch gut mit mir. Über einen Freund konnte ein Kontakt zu einer Bundestagsabgeordneten hergestellt werden. Diese Mitarbeiterin offenbarte uns dann die Kontaktstelle für den Tsunamiopfer-Fond. Nachdem ich unter größten Anstrengungen meine Finanzen der Regierung dargelegt hatte, erhielt ich im März 2005 Geld, um drei weitere Monate überleben zu können. Auf der Rückseite des Antrages standen ein paar Paragraphen für die Rückzahlungsmodalitäten. Für mein Empfinden war es klar, dass ich das Geld, wenn ich nicht bald finanziell gesunde, nicht zurückzahlen bräuchte. Wie ich erfahren hatte, bestand der Fond zumindest zum Teil aus gespendeten Geldern. Zu meiner Überraschung erhielt ich nach zwölf Monaten eine Aufforderung, das Geld an die Regierung zurückzuzahlen. Ich rief die für den Brief verantwortliche Sachbearbeiterin an und berichtete ihr von der damaligen Aussage Herrn Schilys. Doch zu meiner Verwunderung erzählte mir die Dame, dass man nicht alles glauben darf, was Politiker sagen. Auf meine Frage, wie ich denn das Geld zurückzahlen solle, riet sie mir, Lotto zu spielen. Das war starker Tobak, den ich an dieser Stelle auch so unkommentiert stehen lasse.

Damit aber noch nicht genug. Es folgten weitere Schriftwechsel, von denen ich einen kleinen Teil hier veröffentlichen möchte, um zu zeigen was unter unbürokratischer Hilfe verstanden wird. Vorab möchte ich eines klar stellen: Ich prangere hier niemanden an. Ich berichte nur über Tatsachen. Ich verlange auch keine Entschuldigung. Die geschilderten Situationen wurden von den Vorgesetzten der Sachbearbeiterin auch abgesegnet. Ich möchte nur aufzeigen, mit was für Sachlagen ich mich konfrontiert sah. Dieser Schriftverkehr ereilte mich, als ich von einer Depression in die nächste schlidderte, an Selbstmord dachte und nicht wusste wie lange ich noch finanziell überleben kann. Zu diesem Zeitpunkt unterstellte man mir aber von Seiten des Bundesverwaltungsamtes eine volle Geschäftstüchtigkeit.

Mit Datum vom 12. April 2007 erhielt ich ein Schreiben vom Bundesverwaltungsamt, aus dem ich einige Sätze im Folgenden wiedergeben möchte:

»... Zwar ist nach § 60 Abs. 1 VwGO Wiedereinsetzung in den vorherigen Stand zu gewähren, wenn jemand ohne Verschulden verhindert war, eine gesetzliche Frist einzuhalten. Nach § 60 Abs. 3 VwGO ist der Antrag aber innerhalb eines Jahres nach dem Ende der versäumten Frist zu stellen. Unterstellt, Sie waren bei Bekanntgabe des Bescheides vom 9.3.2005 nicht in der Lage, den Bescheid vollständig zu erfassen, so waren Sie sich spätestens zum Zeitpunkt der Antragstellung auf Stundung (7.4.2006) bewusst, ein rückzahlbares Darlehen bekommen zu haben. Aber erst mit Schreiben vom 14.12.2006 haben Sie erstmals behauptet, aufgrund Ihrer psychischen Ausnahmesituation die Tragweite des Bescheides vom 9.3.2005 nicht erkannt zu haben. ... Nach alledem sind die Vorraussetzungen für einen Erlass der Darlehensforderung somit nicht gegeben. ...«

Ich finde es sehr interessant, wie ohne auch nur die geringste Ahnung um meine gesundheitliche Befindlichkeit, über meine Geschäftsfähigkeit entschieden worden ist. So versteht die Bundesregierung, beziehungsweise das Bundesverwaltungsamt, unbürokratische Hilfe für traumatisierte Unfallopfer. Zum ersten

Tsunami-Jahrestag meldeten sich im Fernsehen endlich einmal wieder hochrangige Politiker. Als jedoch Frau Merkel und Herr Köhler sagten, die Tsunamiopfer seien nicht vergessen, klang diese Aussage wie bittere Ironie in meinen Ohren. Meinten sie damit, dass ich das Geld vom Bundesverwaltungsamt zurückzahlen muss?

Im Frühjahr 2005 nahm ich außerdem Kontakt zum Versorgungsamt auf, um meinen Schwerbehindertenausweis zu aktualisieren. Aufgrund einer rheumatischen Erkrankung betrug der Grad meiner Behinderung bereits 50 %. Zu meiner großen Verwunderung wurde ich nun auf nur 80 % gestuft. Ich fragte mich, wie das angehen kann, da ich schwerste Verletzungen und ein Posttraumatisches Belastungssyndrom vorweisen konnte. Ein normales Leben zu führen war für mich unmöglich und in weite Ferne gerückt. Die Sachbearbeiter des Versorgungsamtes urteilten ohne medizinische Kompetenz. Ich zog deshalb meinen letzten Trumpf und drohte damit, Zeitung und Fernsehen einzuschalten. Es sollten alle Menschen in Deutschland wissen, wie man von behördlicher Seite mit Tsunamiopfern umgeht. Und siehe da, ohne jegliche Begründung wurde mein Gesamtgrad der Behinderung, kurz GdB, um 10 % erhöht. Trotzdem fühlte ich mich nach wie vor übervorteilt. Die Einzelbehinderungen wurden nämlich folgendermaßen festgelegt:

50 % Rheuma

50 % Knie- und Fußverletzungen

50 % Posttraumatische Belastungsstörung.

Daraus ergab sich eine Gesamtbehinderung von 90 %. Für mich waren und sind diese Berechnungen nicht nachvollziehbar. Also nahm ich wiederholt Kontakt zum Versorgungsamt auf. Ich bat um eine juristische Grundlage für diese abenteuerliche Rechnung. Mir wurde geantwortet, dass es eine solche nicht gäbe. Auf Nachfrage erfuhr ich schließlich, dass es diesbezüglich ein Gesetzbuch gäbe. Allerdings war es der zuständigen Sachbearbeiterin nicht möglich, mir eine Kopie der Berechnungsweise zuzusenden. Ich müsse mir das dicke Gesetzbuch kaufen und es selbst durcharbeiten. Das nennt man wohl Transparenz für mündige Bürger. Ich war schockiert. Durch Steuerzahlungen werden Behörden und Verwaltungsapparat sowie deren Mitarbeiter finanziert. Wenn man – wie in meinem Fall – Fragen hat, so bekommt man lediglich unzureichende Antworten. Letztendlich lief es auf ein »friss und stirb'« hinaus.

Schleierhaft ist mir, wie Menschen ohne medizinische Vorbildung und Sachkenntnisse über mich entschieden. Menschlichkeit und Objektivität sind ganz klein geschrieben. Stattdessen verstecken sich diese Menschen nicht nur hinter Paragraphen, sondern legen diese mit allen Mitteln für die Behörde aus. Ich bin mit Sicherheit kein Einzelfall. Deshalb frage ich mich, wie sich diese Behördenvertreter nach einem Arbeitstag noch im Spiegel anschauen können, ohne dass ihnen schlecht wird. Neben den Schriftwechseln mit dem Bundesverwaltungsamt und dem Versorgungsamt gab es auch noch einige Unstimmigkeiten mit meiner Krankenkasse und meiner Unfallversicherung zu klären. Besonders die Unfallversicherung hielt mich intensiv auf Trab. Ohne die Hilfe des von mir beauftragten Rechtsanwaltes wäre ich dem ganzen Prozedere nicht gewachsen gewesen. Bei den ersten Kontakten mit der Unfallversicherung ging es um die Bezahlung des Krankenhaustagegeldes und der Kurbeihilfe. Alles wurde anstandslos beglichen. Als dann die Zahlung hinsichtlich meines Invaliditätsgrades anstand, wurde der Schriftwechsel ungleich komplizierter für mich. Nachdem der Rechtsanwalt meiner Unfallversicherung mitteilte, dass er in Zukunft meine Interessen vertreten wird, kam seitens der Unfallversicherung keine Rückmeldung mehr. Also schrieb ich der Unfallversicherung wieder einen Brief, erklärte darin, warum nun ein Rechtsanwalt mich vertreten würde, und deutete wieder einmal an, dieses Gebaren der Öffentlichkeit darzustellen. Und siehe da, die Unfallversicherung erwachte aus ihrem Dornröschenschlaf und meldete sich wieder. Anfang 2006 hatte ich einen Termin zu einer medizinischen Untersuchung von einem durch die Unfallversicherung beauftragten Gutachter. Äußerst nervös und mit einer großen Tüte voller Röntgen- und Kernspintomographie-Aufnahmen sowie diverser Krankenhaus- und Arztberichte machte ich mich auf den Weg. Der Gutachter und seine Frau, die als Schreibkraft fungierte, wirkten gespielt freundlich auf mich. Alsbald begann ein Kreuzverhör. Die Frau des Gutachters saß direkt vor mir hinter ihrem Schreibtisch. Der Gutachter selber platzierte sich im 45°-Winkel rechts von mir zirka drei Meter entfernt auf einem Stuhl. Als erstes klärte man mich auf, dass mein Trauma nicht begutachtet würde, da keine durch den Unfall hervorgerufene Hirnschädigung bei mir vorläge. Ein rein psychisches Trauma würde von der Unfallversicherung nicht bewertet und finanziell ausgeglichen. Es ginge hier nur um organische und orthopädische Verletzungen. Ich wunderte mich schon mal, wieso ein Gutachter mir so etwas erzählt. Dies gehört auf alle Fälle nicht zu seinem Arbeitsbereich. Abwechselnd stellten sie mir nun Fragen, ließen mich aber selten ausreden. Wie gespielt das Interesse der beiden an mir war, erkannte ich schon bei einer der ersten Fragen nach dem Unfallhergang und was danach in Thailand passierte. Ich hatte gerade begonnen mein Erlebnis in der Welle zu schildern, da musste ich auch schon die nächste Frage beantworten. Alsbald begann der Gutachter mich zu untersuchen. Als staatlich geprüfter Masseur und Osteopath mit diversen absolvierten Fortbildungen habe ich schon einige Erfahrungen auf dem Gebiet der Befundungen von Gelenksbeweglichkeiten vorzuweisen, sowie tägliche Praxis durch die zu mir kommenden Patienten. Die vom Gutachter an mir praktizierten Untersuchungen kannte ich alle zur Genüge. Jedoch empfand ich seine Ausführung als viel zu ungenau, um auf ein objektives Ergebnis zu kommen. Flapsig und ironisch warf ich während eines diagnostischen Befundes ein, dass ich noch nie so sanft untersucht worden sei. Ich wollte damit eine vorsichtige Kritik formulieren. Aber der Gutachter verstand nicht, was ich damit meinte, und entgegnete nur, ebenfalls flapsig, dass der unangenehme Teil noch kommen würde. Meinte er damit etwa sein Gutachten? Zu diesem Zeitpunkt wurde mir klar, dass diese Begutachtung rein oberflächlicher Natur war. Es wurde hauptsächlich festgestellt, dass ich auch der Versicherungsnehmer bin, der den Unfall erlitten hat, und kein Versicherungsbetrüger. Zum Abschluss wurden noch ein paar Röntgenaufnahmen gemacht. Nach ein paar Wochen erhielt ich das Ergebnis: Bei relativ kleinen Verletzungen, welche die Versicherung nicht so viel Geld kosten, verhielt man sich recht tolerant. Aber die wirklich großen Verletzungen, für die die Unfallversicherung relativ größere Beträge zu zahlen hat, wurden bagatellisiert. Ich war geschockt und wütend und fühlte mich – auf gut deutsch gesagt – komplett verarscht. Da schließe ich eine Unfallversicherung ab, die besagt, dass ich monatlich einen gewissen Beitrag zu zahlen habe. Kommt es zum Versicherungsfall, so hat den Bedingungen gemäß die Unfallversicherung zu zahlen. Meinen Part hatte ich stets erfüllt. Jedoch die Unfallversicherung weigerte sich, ihren zu erfüllen und versuchte mich mit einem deutlich geringeren Betrag abzuspeisen. Ich legte Einspruch gegen das Gutachten ein und formulierte 14 Punkte, die meines Erachtens nicht korrekt wiedergegeben wurden. Lediglich zu sieben Punkten bezog der Gutachter Stellung, und das aus meiner Sicht nicht so überzeugend, als dass er meine Argumente widerlegen konnte. Der von mir beauftragte Rechtsanwalt und ich hatten nun in den folgenden Monaten einiges zu tun. Wenn man mich hätte fair behandeln wollen, so stünde mir fast das Dreifache der von der Unfallversicherung angebotenen Summe zu. Nach zwei weiteren, von mir initiierten Gutachten und Schriftwechseln, die mittlerweile zwei breite DIN-A4-Ordner füllten, musste ich einem Vergleich zustimmen. In diesem erhielt ich zumindest den doppelten Geldbetrag gegenüber der mir ursprünglich angebotenen Summe. Ich hätte lediglich noch gegen die Unfallversicherung klagen können, was für mich nicht nur eine unzumutbare Belastung gewesen wäre, sondern mich auch finanziell unter Umständen noch zusätzlich belastet hätte. Als Voraussetzung für eine Klage hätte ich mit einigen 10 000 Euro in Vorleistung gehen müssen. Der zuständige Richter stünde dann vor folgendem Problem: Auf der einen Seite steht der angebotene Geldbetrag der Unfallversicherung, auf der anderen der von mir geforderte Geldbetrag. Beide begründet durch die jeweiligen Gutachten. Es kommt meistens zu einem Vergleich, das heißt, beide Parteien treffen sich in der Mitte. Damit kommt es im Idealfall zu einer Nachzahlung, aber abzüglich meiner bereits getätigten Vorleistung. Somit hätte ich dann weniger Geld in der Tasche, als vor der gerichtlichen Auseinandersetzung. Zudem zieht sich so ein Verfahren erfahrungsgemäß über drei Jahre hin. Da ich endlich Abstand vom Tsunamigeschehen wollte und brauchte, entschied ich mich gegen eine Klage. Ich glaube, die meisten Menschen, die in ähnlichen Situationen stecken, entscheiden genauso. Unter dem Strich steht, dass meine Unfallversicherung deutlich weniger gezahlt hat, als sie eigentlich gemusst hätte. Aber um endlich seinen Seelenfrieden zu finden und ein normales Leben zu führen, fällt die Entscheidung, auf zustehendes Geld zu verzichten, leicht. Wie ich inzwischen erfahren habe, geht es leider vielen Unfallopfern ähnlich. Somit sparen die Unfallversicherungen Jahr für Jahr auf Kosten der Betroffenen eine Menge Geld. Mein Tipp deshalb für alle zukünftigen Unfallopfer: Schalten Sie zur Wahrung Ihrer Interessen direkt nach dem Unfall einen Rechtsanwalt ein. Beauftragen Sie so schnell wie möglich einen eigenen medizinischen Gutachter und informieren Sie unter Umständen die Medien. Lassen Sie sich nicht zum Spielball der Versicherung machen, sondern werden Sie über Ihren Rechtsanwalt selbst aktiv.

Ein weiteres Drama erlebte ich mit den großen Hilfsorganisationen. Ende 2005 zeigte mir ein sehr guter Freund einen Schriftwechsel mit einem Mitarbeiter des Deutschen Roten Kreuzes. Aus diesem ging hervor, dass das DRK durchaus bereit sei, mich zu unterstützen. Es wurde ein persönlicher Termin vereinbart, um mich besser kennenzulernen. Dort erzählte ich meine Tsunamigeschichte und belegte alles schriftlich. Die Dame des DRK war sichtlich gerührt und schickte meine Unterlagen zur Hauptstelle. Von dort meldete sich dann der Vorgesetzte des Mitarbeiters, der mir finanzielle Hilfe in Aussicht gestellt hatte. Leider stünde für mich kein Geld zur Verfügung, da sämtliche Spendengelder ins Ausland fließen würden.

Auch andere große Hilfsorganisationen, die ich telefonisch oder persönlich kontaktierte, teilten unisono mit, dass kein Geld für deutsche Tsunamiopfer bereit stünde.

Der nächste Weg führte mich zum Bürgermeister meines Wohnortes. Auch er sah keine Möglichkeit mir unbürokratisch zu helfen. Sein Vorschlag war folgender: Beim Ausfüllen des 16-seitigen Antrages für die Bewilligung von Sozialhilfe würde er mir einen Mitarbeiter helfend zur Seite stellen. Der Gedanke allein daran, 16 Seiten Fragen zu beantworten, trieb mir den Schweiß aus allen Poren. Nein, auch mit Hilfe war diese Hürde zu hoch für mich.

Als letzten Ausweg löste ich meine private Altersversorgung auf (auf eine gesetzliche habe ich keinen Anspruch).

Zusätzlich erhielt ich dann noch eine großzügige, unbürokratische, finanzielle Unterstützung durch eine große deutsche Tageszeitung.

Parallel zu diesen Aktivitäten suchte ich nach gesetzlichen Möglichkeiten, um mein Leben erträglicher zu gestalten. Jedoch musste ich feststellen, dass Bundesbürger, die im Ausland durch eine Naturkatastrophe verunfallen, nirgendwo Erwähnung finden.

Während der vielen Telefonate, die ich diesbezüglich führte, erhielt ich irgendwann den Tipp, mich an eine Selbsthilfegruppe zu wenden. Ich bestellte mir die Broschüre von »NAKOS« (Nationale Kontakt- und Informationsstelle zur Anregung und Unterstützung von Selbsthilfegruppen), in der weit über 400 Selbsthilfegruppen nach Themenbereichen aufgelistet sind. Jedoch suchte ich vergeblich eine Gruppe für mein Anliegen. Eine Tsunami-Selbsthilfegruppe wurde Anfang 2005 in Deutschland gegründet. Ich schloss mich dieser Gruppe nicht an, da mir deren Vorgehensweise zu aggressiv erschien. Aggressionen hatte ich mehr als genug durch den Tsunami erfahren. Somit beobachtete ich die Aktivitäten der Gruppe lediglich aus der Distanz. Nennenswerte Erfolge konnte ich allerdings nicht ausmachen. Damit blieb nur noch der Weg, eigenständig eine Selbsthilfegruppe zu gründen. Doch nach wie vor habe ich genug mit mir selbst und der Bewältigung meines Alltages zu tun.

Das Posttraumatische Belastungssyndrom

Die ersten drei bis vier Wochen nach meinem Unfall befand ich mich in einem Dämmerzustand. Hauptsächlich hervorgerufen durch die vielen Narkosemittel und Schmerzmedikamente. Außerdem litt ich noch unter dem Schock. Meistens schlief ich. Unterbrochen wurde dieser Zustand durch Besuche und Telefonate. Dann war ich hellwach und redete wie ein Wasserfall. Immer und immer wieder berichtete ich von meinen Erlebnissen in Thailand. An die zehn Mal am Tag erzählte ich meinen Gesprächspartnern, was mir alles widerfahren war. Überwiegend war ich froh, überhaupt überlebt zu haben. Mit dem Posttraumatischen Belastungssyndrom wurde ich durch den Chefarzt konfrontiert, der Michaela und mir empfahl, psychologische Hilfe durch eine im Krankenhaus angestellte Psychologin in Anspruch zu nehmen. Ich fühlte mich zwar nicht traumatisiert, wollte aber schnell und ohne nachhaltige Schäden wieder gesund werden.

Mehrmals in der Woche besuchte uns die Psychologin und redete mit uns. Allerdings war von eigentlicher Therapie noch keine Rede. Vielmehr dienten die Gespräche mehr dazu, uns zu beobachten. Also quasi eine Vorsichtsmaßnahme. Meine ersten Zusammenbrüche, nach zirka drei bis vier Wochen im Krankenhaus, versuchte ich so gut es ging vor dem Krankenhauspersonal zu verstecken. In den Momenten, in denen ich realisierte wie schlecht es mir ging, wollte ich mit niemandem reden und empfing auch keinen Besuch. Ich konnte mir nicht vorstellen, dass es mir durch noch mehr reden besser gehen sollte. Ich wollte einfach nur noch meine Ruhe. Auch während meiner Reha-Zeit wurde ich psychologisch betreut. Die dort angestellte Psychologin empfahl mir dringend, im Anschluss eine Trauma-Therapie zu beginnen. Sie untermauerte dies durch ein Beispiel: Ein Bekannter von ihr überfuhr mit seinem Wagen ein Kleinkind. Das Kind verstarb, der Autofahrer wurde vom zuständigen Richter von jeder Schuld freigesprochen. Er versuchte normal weiterzuleben, ohne sich in psychologische Therapie zu begeben. Fünf Jahre nach dem Unfall fing der Mann an, viel und unkontrolliert Alkohol zu trinken. Niemand konnte ihm nun helfen, da das Trauma fünf Jahre Zeit hatte sich in seiner Seele zu manifestieren, um den Mann zu beherrschen. Oh ja, das saß. So wollte ich nicht enden. Die Psychologin übergab mir Adressen von Traumatherapeuten. Ich wusste zu diesem Zeitpunkt gar nicht, wie sich ein Trauma anfühlt, beziehungsweise wie es sich auswirken kann. Mir war lediglich bekannt, dass traumatisierte Personen sich unter Umständen von ihren Mitmenschen zurückziehen und kaum reden. Meine zu diesem Zeitpunkt stark eingeschränkte Eigenwahrnehmung sagte mir, dass ich gar nicht traumatisiert bin. Selbst meine nie zuvor da gewesene Angst vor Wasser führte ich nicht auf ein Posttraumatisches Belastungssyndrom zurück. Normalerweise liebte ich es, mich am Wasser aufzuhalten. Zu Beginn meiner Reha-Maßnahme suchte ich dort einen Aufenthaltsraum auf. Zu meiner großen Überraschung gewährte der Raum an drei Seiten einen Blick auf den angrenzenden See. Und nicht nur das. Dieser Raum war auf Stelzen gebaut und wurde somit teilweise von Wasser unterspült. Als ich das erste Mal nichts ahnend in den Raum hinein trat und fast nur von Wasser umgeben war, drehte ich mich sofort um und humpelte schweißnass wieder zurück ins Hauptgebäude.

Im Mai 2005 begann ich dann die Traumatherapie. Zu meiner Verwunderung wollte die Traumatherapeutin gar nicht so viel über den Unfall wissen. Ich hätte ihr gern detailgetreu geschildert, was mir in den vergangenen fünf Monaten widerfahren war.

Stattdessen ging es hier darum, dass ich Abstand zu den Geschehnissen erlange. Dabei hatte ich noch immer das Bedürfnis über meine Erlebnisse zu reden. Da ich mich aber bei der Traumatherapeutin kompetent aufgehoben fühlte, machte ich gern und bereitwillig mit. Die Traumatherapeutin bezog sich unter anderem bei ihrer Arbeit auf das Konzept von Dr. med. Luise Reddemann*. Diese entwickelte ein Programm für Traumatisierte, welches neben der EMDR-Therapie (Eye movement desensitization and reprocessing) nach wie vor das Gängigste und Erfolgreichste in Deutschland ist.

Hierbei geht es erst einmal darum, dass der Traumatisierte Abstand zu dem Trauma bekommt. Dies wird mit Entspannungs- und Abstandsübungen sowie geführten Meditationen mittels einer Audio-CD erreicht. Frau Reddemann hat hierzu eine Vielzahl von Übungen erarbeitet. Welche dann für den Traumatisierten die hilfreichsten sind, entscheidet der behandelnde Traumatherapeut. Während des Hörens der CD und dem Praktizieren der Übungen sowie auch einige Minuten danach erlebte ich seit meinem Unfall die ersten Momente, in denen es nicht um den Tsunami ging. Durch Konzentration auf andere Themen erfuhr ich leichte Entspannungsphasen. Diese hatten noch keine durchgreifenden Auswirkungen auf den restlichen Tagesablauf. Zumindest erlebte ich, dass es auch noch etwas anderes gab, als ausschließlich mein Trauma. So praktizierte ich eine Übung, bei der man sich einen ruhigen und schönen Ort vorstellen sollte, an dem man schon einmal gewesen ist und mit dem man angenehme Erinnerungen verbindet. Ich wählte einen Platz in den Alpen, wo Michaela und ich einmal zum Bergwandern gewesen waren. Abgesehen

---

davon, dass das Bergpanorama mir sehr gut gefallen hatte, gab es dort eine herrliche Ruhe und klare Bergluft. Nun kam für mich auch noch dazu, dass ich mich in der Bergwelt sicher vor weiteren Tsunamis fühlte. Es war ausgeschlossen für mich, einen Traumstrand mit einem schönen Ort zu verbinden. Jeder Gedanke an weiße, einsame Strände, Palmen und ruhiges, türkisklares Wasser löste sofort einen Flashback aus. Durch diese Übungen erfuhr ich seit meinem Urlaub das erste Mal, wie stark die Tsunamiereignisse mein jetziges Leben prägten. Es erforderte eine große Anstrengung, mich auf die therapeutischen Übungen zu konzentrieren. Wenn ich meinen Gedanken und Gefühlen nämlich freien Lauf ließ, so wurde ich vom Tsunami beherrscht. Da ich meinte, dass dies auch aus mir heraus müsste, gab ich mich gerne den Erinnerungen hin. Die damit verbundene Erschöpfung nahm ich billigend in Kauf. Ich schaffte es unter Mühen, ein- bis zweimal täglich die Reddemannschen Übungen für wenige Minuten zu praktizieren.

Fast fünf Jahre nach dem Tsunami kann ich diesen Zustand, in dem ich mich in den Jahren 2005 und 2006 befand, folgendermaßen beschreiben: Ich war umgeben von einer Höhle oder Glocke. Diese Glocke, ausschließlich gefüllt mit Tsunamierlebnissen, dämpfte nahezu alle Einflüsse, die von außen auf mich zukamen. So konnte ich zwar die Worte und Sätze verstehen, die anderen Menschen zu mir sprachen, deren Inhalt und Emotionen erreichten mich aber nicht. Gerade, wenn Freunde oder Bekannte mir Tipps zur besseren Bewältigung des Alltags geben wollten, wurden diese Ratschläge quasi von der Glocke abgeblockt. Ebenso verhielt es sich mit meiner Sinneswahrnehmung. Beim Schmecken, Riechen und Fühlen erkannte ich jeweils kaum Unterschiede. Somit dienten meine täglichen Mahlzeiten lediglich zur Magenfüllung und Lebenserhaltung. Ich nahm meine Umwelt und mich selbst nur bruchstückhaft und durch einen Schleier wahr. Die einzigen Ausnahmen bezogen sich auf das Hören und Sehen. Jedes noch so kleine Geräusch, das ich mit Sicherheit vor dem Tsunami nicht gehört hätte, wurde von mir beachtet und gleich in die Kategorie bedrohlich oder gefährlich eingeordnet. Ich erschrak nicht nur, sondern geriet sogar in Panik. Bei allen Geräuschen, die außerhalb des Wohnhauses ertönten, humpelte ich so schnell es mir möglich war ans Fenster, um mir einen Überblick über die Situation zu verschaffen. Bei Geräuschen im Haus, suchte ich sofort überall nach der Ursache. Erst wenn mir klar war, dass niemand außer mir sich im Haus aufhielt, kehrte ein wenig Ruhe in mir ein.

Wie Sie, lieber Leser, sich denken können, gab es nicht eine einzige Szene im oder vor dem Haus, welche auch nur annähernd bedrohlich hätte sein können. Der Trauma-Automatismus hatte längst bei mir volle Wirkung gezeigt. Mein Pulsschlag war so kräftig, dass ich hätte schwören können, mein Herz befindet sich im Hals. Ich war am ganzen Körper durchgeschwitzt, zitterte und wusste nicht, wohin ich mich als nächstes bewegen und was ich machen sollte. Meistens legte ich mich ins Bett und sah ein oder zwei Flashbacks. Diese lösten weitere Schweißattacken aus. Normalerweise schwitzt man nach körperlicher Anstrengung. Wenn jemand eine Stunde Sport treibt, so fängt diese Person vielleicht nach 15 Minuten an zu schwitzen. Dieser Vorgang dauert in der Regel bis kurz nach der körperlichen Belastung. Den Schweiß-attacken während eines Flashbacks oder bei Schrecksituationen gehen keine bewussten körperlichen Aktivitäten voraus. Zudem schwitzt man nicht über einen längeren Zeitraum. Das was der Körper an Muskelaktivitäten und Schweißproduktion beim Sport über eine Stunde und mehr leistet, geschieht bei den Flashbacks komprimiert innerhalb weniger Sekunden oder Minuten. Eine körperliche Höchstleistung, die mich meistens so erschöpfte, dass ich kurz danach einschlief.

Medizinisch werden Flashbacks als Rückblende oder aber Nachhallerinnerungen beschrieben. Bei Rückblenden in Filmen wird ganz bewusst aufgrund der Vorgabe im Drehbuch ein bestimmter Teil aus der Vergangenheit gezeigt. Die traumatischen Flashbacks stehen in keinem Drehbuch. Aus mir unerklärlichen Gründen tauchten bei mir Flashbacks beispielsweise unmittelbar nach dem Aufleuchten von Bremslichtern auf. Ansonsten immer, wenn im Fernsehen Strand- und Meerszenen gezeigt wurden. Die meisten Flashbacks erlebte ich jedoch ohne erkennbaren Grund. So sah ich im ersten Jahr nach dem Tsunami den im ersten Krankenhaus neben mir sterbenden Thai mindestens einmal am Tag. Es blieb aber nicht nur beim reinen Betrachten der Szene. Vielmehr tauchte ich für mein Empfinden wieder so real in das Geschehen ein, als ob ich das Ganze noch einmal erlebte. Und zwar mit sämtlichen Emotionen, Geräuschen, Schmerzen und Gerüchen. So gab es verschiedene Szenen, die ich immer und immer wieder aufs Neue durchstehen musste.

Den mit Abstand intensivsten Flashback erlebte ich, nachdem Michaela und ich im Herbst 2005 meinen Lebensretter, Roman, und seine Frau besucht hatten. Wieder zu Hause angekommen musste ich mich sofort aufgrund der anstrengenden Zugfahrt ins Bett legen. Kaum hatte ich mich hingelegt, sah ich mich am Strand von Khao Lak. Wie am Morgen des 26. Dezember 2004 versuchte ich im Watt ein paar Männer zu überreden, den um Hilfe schreienden Deutschen vom Korallenriff an den Strand zu bringen. Dann lief ich vor der Welle weg. Doch diesmal, als die Welle Michaela und mich erfasste, lief das Geschehen im Superzeitlupentempo vor meinen Augen ab. So erfuhr ich, wie jede meiner Verletzungen zustande kam und wie ich mich in der Welle verhielt. Für mein Empfinden muss es 10 bis 15 Minuten gedauert haben, bis der Flashback mich wieder losließ. Ich bemerkte, wie schweißnass ich in meinem Bett lag. Mein Puls raste und ich war genauso erschöpft wie nach dem richtigen Tsunami. Aber ich war nicht nur körperlich ausgebrannt, sondern auch geistig. Mein Kopf war einfach nur leer. Ich konnte nichts denken. Lediglich einige leichtere Flashbacks vertrieben ab und an die Leere. Dieser Zustand hielt in etwa zwei Wochen an, in denen ich mein Bett nur für Toilettengänge verließ. Ob, was und wie viel ich in dieser Zeit getrunken und gegessen habe, entzieht sich meinen Erkenntnissen. Auch weiß ich nicht, mit was für Personen ich in dieser Zeit Kontakt hatte und mit wem ich gesprochen habe.

Den Tsunami am Strand von Khao Lak erlebte ich noch einige Male, allerdings in etwas abgeschwächter Form, so dass ich schon nach zwei bis drei Tagen das Bett wieder verlassen konnte.

Meine Traumatherapeutin gab mir einige Tipps, zur Umgehensweise mit den Flashbacks. Diese Hilfsmittel musste ich nach und nach allerdings erst erlernen und üben. Am besten half mir folgende Technik: Sobald ich mir bewusst war, dass ich mich in einem Flashback befand, sagte ich zu mir: »Stopp. Ich bin jetzt nicht in Thailand, sondern zu Hause und sitze im Garten oder gehe spazieren oder mache sonst irgendetwas. Hier ist kein Wasser, ich bin hier ganz sicher. Die Sonne scheint, die Vögel zwitschern usw.«

Dazu musste ich allerdings erst einmal realisieren, dass ich mich in einem Flashback befand. Zusätzlich musste ich mich auch noch an diese Übung erinnern und die Kraft haben, sie zu praktizieren. Es war nicht nur damit getan, sich zu sagen, ich bin jetzt in Deutschland und nicht in Thailand. Der Flashback wollte nämlich nichts von seiner Präsenz und Dominanz freiwillig abgeben. So musste ich durchaus 10, 20 manchmal sogar bis zu 30 Mal die empfohlenen Sätze vorsagen, bis der Flashback mich für einige Minuten oder Stunden in Ruhe ließ. Das war zwar sehr anstrengend, aber wesentlich leichter und angenehmer als diese berüchtigte Rückblende durchzustehen. Von Monat zu Monat machte ich auch diesbezüglich immer mehr Fortschritte. Zwar konnte es ab und zu mal passieren, dass ich einen Flashback komplett ertragen musste, aber diese waren dann nicht mehr so intensiv. Äußerst interessant ist für mich in diesem Zusammenhang der Vergleich zwischen meinem erlebten Trauma und den entsprechenden Flashbacks. Beim Erleben des Traumas war meine gesamte Aufmerksamkeit auf die größtmögliche Unversehrtheit meines Körpers gerichtet. Ich reagierte dabei vollkommen automatisch. Die erlittenen Verletzungen bemerkte ich nahezu gar nicht. Erst nach meiner Rettung meldeten sich die ersten Schmerzen. Es wurden mir aber nicht sämtliche Verwundungen gleichzeitig gemeldet. Erst nach und nach, über einen Zeitraum von mehr als anderthalb Jahren, zeigte mir mein Körper, was alles defekt ist – ein sehr guter eingebauter Selbstschutz. Hätte er mir alles auf einmal präsentiert, hätte ich für mein Empfinden nicht überleben können. Zu groß wären der körperliche Schmerz und die seelische Belastung gewesen. So kümmerte sich mein Körper nach und nach um die Anzeige und Heilung meiner Blessuren, und zwar immer nach dem Grad der Wichtigkeit. Ein perfekt funktionierendes System. Während des Unfalls war meine psychische Wahrnehmung nahezu ausgeblendet. Ich spürte weder Angst noch Panik, sondern verhielt mich äußerst sachlich. Man könnte sogar sagen, dass ich mich in der Welle fremdgesteuert verhielt. Die Ratio übernahm das Kommando ohne emotionale Beteiligung. Mir war halt schnell klar, gegen diese geballte Naturgewalt nicht ankämpfen zu können. Ich konnte nur gewinnen, wenn ich mich mit ihr bewegte. Ein Grundsatz, den auch schon die Judo-Großmeister beherzigen: Wirst du von deinem Gegner gezogen, so lass Dich ziehen. Wirst du geschoben, so lass dich schieben.

Bei dem Erleben der Flashbacks ist es genau umgekehrt gewesen. Die seelische Wahrnehmung während der Rückblende läuft auf Hochtouren. Angst und Panik waren die hauptsächlichen Empfindungen. Die Ratio hingegen hatte nun überhaupt nichts zu melden. Das Schlimme daran war, dass ich zunächst keine Mittel hatte, dieses Kopfkino zu stoppen. Im Gegenteil sogar. Ich fühlte mich von den Flashbacks magisch angezogen. Ich wollte unbedingt detailgetreu wissen, was mir alles in der Welle und in den Tagen danach in Thailand passiert ist. So gab ich mich in der Anfangszeit liebend gern den Flashbacks hin. Dazu gehörte auch, viele Fernsehsendungen über den Tsunami zu sehen und mit möglichst vielen Betroffenen zu sprechen. Der Preis, den ich für jede Rückblende zahlte, war mir egal. Erst durch die intensive Traumatherapie wurde mir langsam klar, dass es für mich auch ein Leben außerhalb des Tsunamis gibt. Und dieses Leben kann weitaus angenehmer und schöner sein.

Neben dem Durchleben der Flashbacks gab und gibt es für mich noch weitere Auswirkungen des Posttraumatischen Belastungssyndroms. Als erstes ist die durch das Trauma hervorgerufene Grundstimmung zu nennen. Die Ereignisse des Tsunamis übertrafen meine gesamte Lebenserfahrung, was die Intensität anbelangt. Damit rückte unbewusst alles bis dato Erlebte in die zweite Reihe. Auch im Alltag gab es nichts, was an Qualität und Quantität dem Tsunami »das Wasser hätte reichen können«. Somit war alles, was ich nach meiner Krankenhaus- und Reha-Zeit erlebte, langweilig. Ich verstand in den Jahren nach dem Tsunami überhaupt nicht, warum und worüber sich Menschen aufregen oder freuen konnten. Erzählte mir jemand, dass er sich beispielsweise einen schönen Film angesehen oder ein gutes Konzert gehört hatte, so dachte ich mir im Stillen: »Über so etwas freust du dich? Wenn man, so wie ich, dem Tod knapp entronnen ist, darüber kann man sich freuen. Aber über so eine Kleinigkeit?«

Oder aber jemand erzählte mir, dass er im Moment an seinem Arbeitsplatz viel zu tun hat, Überstunden leisten muss, und abends zu Hause vollkommen müde ist. Meine erste gedankliche Reaktion auf solche oder ähnliche Äußerungen waren dann meistens: »Lächerlich. Du hast Probleme. Was willst du eigentlich? Du hast Arbeit, bekommst jeden Monat ein gutes Gehalt. Außerdem bist du gesund und kannst eigentlich alles machen, was du gerne möchtest. Ich hingegen habe keine Ahnung, wie es bei mir finanziell in den nächsten Wochen weitergehen soll. Kann ich übernächsten Monat noch die Miete zahlen? Außerdem bin ich ein körperlicher Krüppel der sich nur mühsam und unter Schmerzen von A nach B bewegen kann. Und ob und wann ich wieder arbeiten kann, steht auch noch in den Sternen. *Das* sind Probleme.«

Aber nicht nur das Leben von anderen Menschen war mir egal, sondern nach und nach auch mein eigenes. Abgesehen davon, dass ich aufgrund meiner körperlichen Situation stark in meinem Bewegungsradius und der Art meiner Bewegungen limitiert war, so blieb mir auch ein geistiger Bewegungsraum verschlossen. Die Glocke, in der ich mich befand, schränkte mich nicht nur körperlich, sondern auch geistig ein. Mir Ziele zu setzen war außerhalb meines Bewusstseins. Stattdessen erhob ich die in den ersten Wochen nach meiner Reha-Zeit gemachten Erfahrungen zu meinem Ideal: Ob ich mich nun mühsam fortbewege oder einfach nur im Bett liege und gar nichts tue, die Zeit läuft sowieso. Tja, dann mache ich doch lieber gar nichts, das ist auch nicht so

anstrengend, und ich habe nichts auszustehen. Dieses Lebens-
motto begleitete mich weit über anderthalb Jahre, in denen ich
zunehmend depressiver wurde. Zwar gab es immer mal wieder
zwischendurch Momente, in denen ich versuchte, konstruktiver
zu sein, doch dieses wurde ganz schnell von einer bis dahin unbekannten Konzentrationsschwäche unterbrochen. Die rein geistige
Arbeit war für mich bis dahin keine sehr große Energieleistung
gewesen. Nun wurde ich einerseits regelmäßig durch plötzlich
auftretende Flashbacks vom Festhalten an einem Gedanken ab-
gehalten. Andererseits erforderte es nun zum Teil meine gesamte
Energie, über eine Sache nachzudenken ohne abzuschweifen. Das
fing schon beim einfachen Zeitungslesen an. So war ich erst Ende
2005 fähig, 30 Minuten am Stück Zeitung zu lesen. Im Anschluss
daran musste ich mich vor Erschöpfung aber erst einmal hinle-
gen und schlafen. Ähnlich verhielt es sich mit meiner Merkfähig-
keit. Mehrmals pro Woche stellten Michaela und ich fest, dass
wir wieder einmal beim Einkauf Sachen vergessen hatten. Kurz
bevor ich losfahren wollte, um beispielsweise Milch und Brot ein-
zukaufen, fiel Michaela eventuell ein, dass auch noch Käse fehlte,
den ich bitte mitbringen möchte. Vom Einkauf zurück, stellte ich
stolz Milch und Brot auf den Tisch. Dann fiel meistens einem von
uns beiden ein, dass ich noch eine dritte Sache mitbringen sollte.
Aber welche denn? Wir kamen nicht darauf, oder erst Stunden
später. Das Gute daran war, dass es uns in punkto Vergesslichkeit ungefähr gleich erging. So konnte keiner auf den anderen
sauer oder böse sein. Schließlich nahmen wir es beide mit Humor.
Trotzdem war es manchmal ärgerlich, wenn man wegen ein und
derselben Sache vier- oder fünfmal losfahren musste, bis man es
dann endlich gekauft hatte. Deswegen überlegten wir uns eine
neue Strategie. Alle Dinge, die wir nicht gleich erledigen konnten,
wollten wir notieren. Das Problem an dieser Strategie war nur,

dass wir *sofort* den Gedankengang schriftlich fixieren mussten. Waren nämlich nicht direkt Zettel und Stift vorhanden, so ging der Gedanke während der Suche nach beidem bereits verloren. Damit war, und ist zum Teil immer noch, unser Leben geprägt von unerledigten Dingen.

War ich während meiner Krankenhaus- und Reha-Zeit noch eher in einem Schockzustand, so belastete mich von Woche zu Woche und Monat zu Monat immer mehr das Posttraumatische Belastungssyndrom. Neben den Flashbacks, der Konzentrationsschwäche und der Vergesslichkeit wuchs in mir immer mehr eine innere Ziellosigkeit und eine Depression. Im September 2005 begann eine etwa sechs Monate dauernde Phase der absoluten Lebensmüdigkeit.

Unten

Leben geht nicht
Lachen geht nicht
Weiß nicht, was ich will
Suche nach dem ...
Zeit steht einfach still

Gestern war ein schlechter Tag
Heute nicht viel besser
Morgen muss nicht wirklich sein
Zeit steht einfach still.

Immer weiter reifte der Entschluss, meinem Leben ein Ende setzen zu wollen. Doch wie? Es sollte schon eine todsichere Methode sein. Denn bei einem missglückten Suizidversuch wäre ich in eine geschlossene psychiatrische Anstalt gekommen und das wollte ich partout nicht. Dann hätte ich über meine Beweggründe stundenlang reden müssen. Außerdem wollte ich nicht im Ambiente einer Psychiatrie einen Teil meines Lebens verbringen. Das Schlucken eines Medikamentencocktails schloss ich sofort aus meinen Überlegungen aus. Zu groß war mir das Risiko, doch überleben zu können. Als nächstes dachte ich daran, mich vor ein Auto oder einen Zug zu werfen. Doch auch das kam nicht in Frage. Vor meinem Unfall hörte ich nämlich von einem traumatisierten Lokführer, vor dessen Zug ein Selbstmörder sprang. Nein, ich wollte nicht noch zusätzlich einer unbeteiligten Person ihr Leben verpfuschen. Von irgendwo herunter in den Tod zu springen oder mit meinem Auto irgendwo gegen zu fahren, erschien mir ebenfalls zu ungewiss. Was wäre, wenn ich körperlich und geistig behindert überlebe? Das schien mir noch schlimmer zu sein, als mein jetziger Zustand. Nach diesen intensiven Überlegungen blieb mir nur noch ein Ausweg. Ich sollte mich erschießen. Doch hierfür gab es ein riesiges Problem: Ich besitze keine Waffe. Ich hätte mir also erstens Geld »leihen« müssen und zweitens Kontakte zum illegalen Erwerb einer Waffe knüpfen müssen. Ich wusste zwar nicht wie, aber ich stellte mir vor, das letzteres irgendwie hätte realisiert werden können. Somit musste ich mir nur noch Geld »leihen«.

Ich hatte keine Ahnung, wie teuer eine Pistole ist, schätzte aber für mich etwa 500 bis 1000 Euro für deren illegalen Erwerb. Nun überlegte ich mir, wen ich hätte um Geld bitten können. Es fielen mir ein paar Namen ein. Weiterhin stellte ich mir vor, wie ich die betreffende Person hätte ansprechen sollen. Sehr schnell hatte ich das Gefühl, dass ich im Moment wohl nicht in der Lage bin, jemanden um Geld zu bitten ohne den Verdacht zu erwecken, ich würde das Geld für eine große Dummheit nutzen. Also parkte ich erst einmal diesen Gedanken in meinem Hinterstübchen und stellte mir das Leben meines persönlichen Umfeldes ohne mich vor. Da sich ein paar Monate vor meinem Unfall ein guter Bekannter sein Leben nahm, hatte ich eine gewisse Vorstellung, wie eventuell meine Hinterbliebenen reagieren würden. Allerdings gab es einen großen Unterschied zwischen meinem Bekannten und mir. Im Gegensatz zu ihm hörte ich in letzter Zeit immer wieder Sätze wie: »Du wirst noch gebraucht.« Oder »Das kannst du mir nicht antun.« Da ich immer und immer wieder diese Sätze zu hören bekam, verloren meine Suizidgedanken an Dynamik, ohne aber vollständig zu verschwinden. Je öfter ich beispielsweise hörte »Das kannst du mir nicht antun«, desto mehr kam meine Absicht ins Schlingern. Ich wollte schließlich nur mich verletzen und nicht noch mein persönliches Umfeld. Doch immer, wenn in mir der Entschluss reifte weiterleben zu wollen, fragte ich mich warum und wofür. Wie soll ein Krüppel beispielsweise Geld verdienen? Woran kann ich mich noch erfreuen? Mir fiel keine Antwort ein. Somit kamen ganz schnell wieder die Gedanken an meinen Selbstmord aus dem Hinterstübchen an die Oberfläche meines Bewusstseins. Ein weiterer Aspekt beschäftigte mich zusätzlich. Ich kann erst von dieser Welt gehen, wenn ich auch einen Abschiedsbrief hinterlassen habe. So viele Menschen hatten sich um mich in den letzten Monaten bemüht und gekümmert. Hätte ich mich ohne einen Abschiedsbrief von dannen gemacht, wären mit Sicherheit bei einigen Personen Schuldgefühle aufgetreten. Die Antwort auf die Frage, ob sie nicht doch mehr für mich hätten tun können, hätte für immer im Raum gestanden. Da ich aber spürte, dass die meisten Menschen ihr maximal Machbares gegeben hatten, wollte ich sie nicht in so einem Frust zurücklassen. Schließlich war es meine innerste Entscheidung zu sterben. Deshalb überlegte ich mir zunächst, wen ich alles in meinem Abschiedsbrief erwähnen sollte, wer in jüngster Vergangenheit geholfen beziehungsweise Hilfe angeboten hatte. Je länger ich darüber nachdachte, desto länger wurde die Namensliste. Ich weinte bitterlich los. Zum ersten Mal in meinem Leben wurde mir bewusst, dass ich kein Einzelkämpfer im Universum bin. Eine große Gemeinschaft von Menschen hatte offensichtlich großes Interesse an mir und meinem Weiterleben. Weder vor meinem Unfall noch in den Monaten danach erlebte ich das Gefühl, in einer starken Gemeinschaft zu Hause zu sein. Ich fühlte mich urplötzlich ein wenig geborgen. Wäre es nicht wunderschön, diese mir neue Erkenntnis tief und bewusst zu leben? Die Antwort war und ist immer noch »ja!«

Trauma

Hallo, hier ist der Tod
Ich weiß, dass du mich brauchst
Ich bringe dir den Frieden
Verlust ist überall

Hallo, hier ist das Leben
Ich hab dich lange nicht gesehen
Lass uns doch wieder lachen
Geschehen ist geschehen

Hallo, hier ist das Leiden
Ich halt' dich gerne fest
Dann zieh ich dich nach unten
Ganz leicht ist dann der Rest

Hallo, hier ist die Freude
Wo ist denn nur dein Herz?

Verschlossen alle Türen
Ich sehe nur noch Schmerz

Hallo, hier ist die Liebe
Ich fühl mich wohl bei dir
Komm öffne mir die Tore
Dann zeig ich mehr von mir

Der Wendepunkt

Endlich, seit Monaten traf ich meine erste Entscheidung. Jedoch war ich immer noch der hilflose Krüppel, der keine Zukunftsperspektive hatte. So kamen immer und immer wieder Phasen, in denen ich hochdepressiv um meine Selbstmordgedanken kreiste. Aber diese negativen Episoden hatten mittlerweile eine etwas andere Qualität. Mehr und mehr dachte ich an die Menschen, die ich zurücklassen würde und die eventuell ebenfalls in eine Depression stürzen könnten. Das wollte ich nun partout nicht. Ich weiß, dass Gott, oder wie er auch immer in anderen Glaubenskreisen heißt, möchte, dass wir Menschen glücklich sind. Und dieses Glück und diese Freude sollen alle Menschen an ihre Mitmenschen weitergeben. Also nahm ich nun endlich die mir angebotene Hilfe eines Rechtsanwaltes an, um nicht mehr alleine gegen die Bürokratiewillkür kämpfen zu müssen. Ich realisierte, dass ich allein keine Chance gegen die Ungerechtigkeiten des Bundesverwaltungsamtes und der Unfallversicherung hatte. Aber mit Hilfe des Rechtsanwaltes sah ich mich in deutlich gestärkter Position. Ich musste mich fortan nicht mehr mit jedem Brief beschäftigen und hatte somit überlebenswichtige Kapazitäten frei. Dadurch hatte ich nun mehr Zeit, mich um mein Glück zu kümmern. In dieser Phase fiel mir immer wieder die von mir schon während meines Krankenhausaufenthaltes kreierte Metapher von der Hängebrücke ein: Ich stehe auf einer wackeligen Hängebrücke, die von einer Insel zu einer anderen führt. Die Insel, von der ich komme, symbolisiert mein altes Leben. Da die Hängebrücke zu schmal und instabil ist, kann ich mich nicht drehen, um in mein altes Leben zurückzugelangen. Ich würde bei einer Drehung unweigerlich abstürzen. Das Gehen auf der wackeligen Brücke wird durch meinen schlechten körperlichen Zustand zusätzlich erschwert. Die Brücke führt zu einer Insel, die sämtliche Menschen und Materialien für mich bereit hält, damit ich mein neues Leben so führen kann, wie ich es möchte. Ich muss nur noch auswählen. Innerlich spüre ich, dass es noch viel zu früh ist, die neue Insel zu betreten. Es fehlt mir nicht nur der sichere Gang, also die körperliche Balancefähigkeit, sondern auch die nötige innere Balance, um das Potenzial der neuen Insel auszuschöpfen. Ich befand mich also in einer Art Warteschleife. Voranschreiten geht erst, wenn ich meinen körperlichen und seelischen Zustand deutlich verbessere.

Für meine seelische Verfassung sorgten die Traumatherapeutin und meine Meditations- und Entspannungsübungen. Für die körperliche Komponente bin ich mehr oder weniger allein zuständig. Dabei halfen mir meine Vorerfahrungen auf sportlichem und therapeutischem Gebiet. Allerdings lernte ich noch eine Menge dazu. Das Muskelaufbautraining zeigte bis Mitte 2007 trotz mehrmaligen wöchentlichen Übens so gut wie keine Wirkung. Mein linkes Knie war nach wie vor instabil und schwoll schon morgens nach den ersten Schritten dick an. Und meine linken Fußgelenke waren durch die Bildung von Narbengewebe sehr unbeweglich. Meine Muskeln wurden durch die Reize des Krafttrainings kaum stärker, da mein Körper die Stoffwechselaktivitäten im linken Bein nahezu einstellte. Das merkte ich besonders, wenn ich mich mit meinem linken Unterschenkel irgendwo gestoßen hatte. Durch die Zerstörung der Nerven empfand ich keine Schmerzen bei so einer Verletzung. Erst wenn ich mir abends meine Hose auszog, sah ich meinen blutverschmierten Unterschenkel. Eine noch so kleine oberflächliche Hautverletzung brauchte dann drei bis vier Wochen, bis sie abgeheilt war. Normalerweise war dies in maximal einer Woche geschehen. Damit war mir klar, dass ich andere und feinere Trainingsreize für mein linkes Bein auszuwählen hatte. Ich stellte mir einen neuen Trainingsplan zusammen. Dieser begann am 1. Juli 2007. Die erste Trainingsphase setzte ich für ein Jahr an. Die Übungen sahen überwiegend Dehnungs- und Koordinations-einheiten vor. Besonders das Koordinationstraining eröffnete mir einen neuen Horizont. Es ging bei dieser Art von Balancetraining nicht nur um ein reines Muskel- und Gleichgewichtstraining. Vielmehr merkte ich, dass ich auch an meiner inneren Balance zu arbeiten habe. Denn nur, wenn das psychische und physische Training parallel absolviert wird, werden auch dauerhafte Fort-schritte erreicht. Jedes Training, jeder menschliche Kontakt, jede Nahrungsaufnahme, jede Reha und jeder Unfall wirken nämlich sowohl auf körperlicher als auch auf seelischer Ebene. Bis zum 1. Juli 2008 trainierte ich von den 365 Tagen ungefähr 350 bis 360 Tage. Der Aufwand hatte sich gelohnt. Zwar konnte ich immer noch nicht joggen oder springen, mein linkes Knie schwoll immer noch an, aber mein Gangbild wurde zusehends sicherer. Auch meine seelische Verfassung war nicht mehr von vollkommenen Zusammenbrüchen gekennzeichnet und riss mich nicht mehr so lange in ein seelisches Tief. Ich lernte mit meinem Posttrauma-tischen Belastungssyndrom zu leben. Langsam und sicher ging ich auf der Hängebrücke in Richtung Insel. Mit jedem Schritt kam ich meinem Ziel näher. Doch nun tat sich das nächste Problem auf: »Was will ich auf der Insel eigentlich tun?« Während meines Krankenhausaufenthaltes sagte ich mir immer und immer wieder, ich lebe, ich habe den Tsunami überlebt. In meinen hochdepressiven Phasen erkannte ich aber immer deutlicher, dass zum Leben nicht nur herumliegen und bloßes atmen gehört. Es sollte mehr passieren, als nur reines ein- und ausatmen. Und ich wollte mehr vom Leben. Und ich wusste auch, dass der Startschuss für mein neues Leben bereits getätigt war. Von nun an kann ich alles erreichen, was ich wirklich erreichen möchte. Mein erstes Ziel war bereits klar formuliert. Fest auf beiden Beinen im Leben stehen und sicher voranschreiten. Doch wie und wohin voranschreiten? Das Wohin war mir erst einmal nicht so wichtig, da ich bemerkte, dass ich bei der Zielformulierung schnell wieder unter Anspannung geriet. Stress hatte ich in den letzten Monaten genug für mindestens drei Leben gehabt. Ich wollte endlich wieder glücklich sein und mein Leben genießen. Da stand ich nun mit einem Fuß noch auf der Hängebrücke, mit dem anderen ertastete ich vorsichtig die Insel. Ich kam mir vor wie eine junge Katze, die das erste Mal in ihrem Leben Kontakt mit Schnee hat. Behutsam und neugierig zugleich den Schnee mit einer Tatze prüfend, aber gleichzeitig bei möglichen Gefahren schnell den Rückzug antreten zu können. Leider musste ich aber sehen, dass meine Insel leer war. Es ging nun darum, kreativ gestaltend mein neues Leben zu füllen. Getreu dem Motto: Es gibt auch ein Leben vor dem Tod! Aber Kreativität war mir seit dem Unfall abhanden gekommen. Was sollte nun wichtig werden in meinem neuen Leben? Ich hatte keine Ahnung. Neben dem Ausbau meiner körperlichen Fähigkeiten drückte mich die finanzielle Belastung. Also musste ich wieder Geld verdienen. Eine andere Tätigkeit als die bislang ausgeübte schien mir absurd. In einem Angestelltenverhältnis hätte ich eigentlich mindestens 20 Stunden pro Woche zu arbeiten gehabt.

Ein schier unmögliches Unterfangen. Deshalb entschied ich mich dafür, meine bisherige Tätigkeit als Osteopath wieder vorzubereiten. Ich übte mit Michaela als Patientin. Allerdings musste ich meine ersten therapeutischen Versuche nach etwa fünf Minuten abbrechen. Ich schaffte es einfach nicht, mich länger zu konzentrieren. Nach wochenlangem Üben war es dann endlich soweit. Ich konnte sie in etwa eine dreiviertel Stunde lang behandeln. Zu dieser Zeit meldete sich ein ehemaliger Patient telefonisch bei mir und fragte nach Behandlungsterminen. Ich sagte zu und begann wieder zu praktizieren. Einen Patienten pro Woche. Diese eine Therapie kostete mich in der Anfangszeit drei bis vier Tage Erholungsphase. Als ich mich nach weiteren Wochen schon nach zwei Tagen erholt hatte, bestellte ich zwei Patienten im Abstand von zwei Tagen zu mir. Irgendwann war ich dann in der Lage, an zwei Tagen, mit einem Tag Pause dazwischen, zwei Patienten (einen vormittags, einen nachmittags) zu behandeln. Immer noch viel zu wenig zum finanziellen Überleben, aber es war ein Anfang gemacht.

Mittlerweile kann ich an drei Tagen in der Woche in etwa 15 Stunden insgesamt arbeiten. Auch stehe ich inzwischen mit beiden Beinen auf meiner Insel. Das Umherlaufen und das Ausspähen der Insel fallen mir aber schwer. Ich weiß noch nicht so genau, wo ich was machen werde. Nach monatelangem Leben innerhalb einer Glocke ist alles außerhalb der Glocke unbekanntes Territorium. Zu wichtig und kostbar ist mir mein jetziges Leben geworden, als dass ich einfach planlos irgendwelchen Angeboten außerhalb der Glocke verfallen möchte. Ich bewege mich lieber vorsichtig in meinem engsten persönlichen Umfeld, nehme ausgewählte kulturelle Angebote wahr und reserviere zwei bis drei Stunden täglich nur für mich. In dieser Zeit setze ich mein selbst erstelltes körperliches Trainingsprogramm um und praktiziere verschiedene Meditations- und Entspannungsübungen. Das entspannt mich nicht nur und gibt mir Kraft für die Bewältigung meines Alltages, sondern bringt mich auch Stück für Stück zu meinem tiefen Inneren. Und dort finde ich Glück. Und nur wenn ich glücklich bin wirke ich positiv auf andere Menschen, die ihrerseits auch positiv auf mich beziehungsweise ihre Mitmenschen wirken.

Mein Naturkatastrophentrauma fernab der Heimat ist schon ein besonderes Trauma. Es ist mir an einem Strand widerfahren, einem Ort, der nicht zu meinem Alltagsleben gehört. Außerdem kann ich niemanden anderes für mein Trauma verantwortlich machen. Viel schlimmer ist es mit Sicherheit für Opfer von Missbrauch, Vergewaltigung, Überfällen und Unfällen, die von Dritten begangen wurden. Werden diese Situationen in unmittelbarer Umgebung des Wohnortes erlebt, so werden die Opfer tagtäglich mit dem Ort des Geschehens und somit dem Geschehen selber konfrontiert. Ruhe und Abstand zu dem traumatischen Ereignis, wie von Reddemann gefordert, finden die Opfer dann wohl kaum. Außerdem bleibt über einen großen Zeitraum die Frage: »Warum hat Herr/Frau X mich als Opfer ausgewählt?«

Ich hingegen bin zwar auch Opfer, nicht aber durch eine bestimmte Person. Ich brauche beispielsweise keine Angst davor zu haben, wenn ich bei Dunkelheit an einem unbelebten Ort vorbeikomme, eventuell wieder zusammengeschlagen und überfallen zu werden. Mich würde Panik an einem Sonnentag an einem Traumstrand ergreifen. Vielmehr sehe ich aber meinen Unfall als Wink des Schicksals an, über mein Leben nachzudenken und es neu zu ordnen. Diese Sichtweise bleibt vielen Traumatisierten, die durch Dritte verunfallt wurden, eher verschlossen.

Nicht unerwähnt möchte ich die Situation der Helfer von Unfallopfern lassen. Beim Anblick von Verletzten und Toten werden die Helfer und Rettungskräfte zum Teil schwer traumatisiert. So geschehen unter anderem auch beim Eisenbahnunglück von Eschede und natürlich auch in Südostasien nach dem Tsunami. Auch viele Bundeswehrsoldaten nach ihrem Afghanistaneinsatz und amerikanische Militärsoldaten nach ihrem Irakeinsatz zeigen Symptome der Posttraumatischen Belastungsstörung. So begehen *täglich 16* traumatisierte US-Soldaten nach ihrer Rückkehr Selbstmord. Das ist die größte Suizidgruppe in den USA!

Nach dem Krieg die Freude groß
Gewonnen, nicht verloren
Den Feind getötet, wunderbar
Das Leiden neu geboren

Als Roman und seine Frau Michaela und mich etwa anderthalb Jahre nach dem Tsunami besuchten, war es deren Wunsch, einmal die Nordseeküste zu sehen. Ein halbes Jahr nach dem Tsunami waren Michaela und ich an die Küste gefahren, um zu sehen, ob wir uns wieder in Strandnähe aufhalten können. Als ich dort den Blick aufs offene Meer richtete, musste ich sofort wieder umkehren. Der Anblick der Wellen war für mich besetzt mit sämtlichen Grausamkeiten dieser Erde. Doch Romans Wunsch konnte ich nicht ausschlagen. Außerdem fühlte ich mich sicher in seiner Nähe. Ich wusste, er würde mich auch ein zweites Mal retten. So ging ich relativ entspannt neben ihm am Nordseestrand. Dafür war aber Roman eher unruhig. Er beobachtete ständig die Wellen und die Menschen und war am Überlegen, wie er im Notfall am besten helfen könne.

Übrigens, seitdem bin ich nicht mehr an einem Strand gewesen und habe auch keine Pläne diesbezüglich.

Ein weiterer Aspekt meines Traumas ist der, dass es relativ kurz war. In der Welle verbrachte ich höchstwahrscheinlich nur ein paar Sekunden. Die sechs Tage danach in thailändischen Krankenhäusern waren nicht ununterbrochen traumatisch. Aber es gibt Opfer von Missbrauchs- oder Entführungsfällen sowie von Mobbing, die von ihren Peinigern über Monate und Jahre hinweg immer und immer wieder aufs Neue gequält und traumatisiert werden. Insofern konnte ich mich immer noch als Luxusopfer bezeichnen. Außerdem bin ich nach meinem Unfall weit weg vom Geschehen in ein intaktes Umfeld zurückgebracht worden. Ganz im Gegensatz zu den überlebenden einheimischen Opfern in Südostasien, die ein Großteil ihrer Freunde und Verwandten verloren hatten. Somit kann ich heute sagen: Mir wurde das Glück des Tsunamis zuteil. Alles im Leben hat immer zwei Seiten. So hat der Tsunami auch etwas Gutes. Zumindest kann ich das für mich sagen und leben.

Der Umgang mit Traumatisierten

Den aus meiner Sicht wesentlichsten Aspekt in der Traumabearbeitung habe ich bereits kurz angeschnitten: Ohne fremde Hilfe ist kein Trauma zu überwinden. Diese Hilfe sollte auf zwei Säulen basieren, wobei die erste die professionelle Unterstützung durch einen ausgebildeten Traumatherapeuten ist. Die zweite ist die des persönlichen Umfeldes. Traumatisierte Menschen ziehen sich meistens zurück, und durch ihre Depression wirken sie oft abweisend und verletzend auf ihre Verwandten, Freunde, Nachbarn und Arbeitskollegen. Dies darf kein Grund sein, sich von ihnen fern zu halten. Sie können sich, auch wenn sie es gern möchten, gar nicht anders verhalten und aus ihrer Glocke entfliehen. Die

Helfer sollten sich von diesem negativen Feedback überhaupt nicht irritieren lassen. Im Gegenteil sogar. Immer und immer wieder muss der Kontakt gehalten werden, ohne aber den Traumatisierten zu bedrängen. Und ohne die Frage zu stellen: »Na, wie geht es dir denn gerade?« Denn diese Frage führt unmittelbar zu einem Flashback. Der Traumatisierte realisiert dadurch, dass es ihm schlecht geht und sofort stellt die Psyche die Verbindung zu dem traumatisierten Ereignis her, in welches er unmittelbar wieder eintaucht. Die richtige Kontaktaufnahme ist, den Traumatisierten abzulenken (Vergleiche Reddemann). Eine Einladung zum Essen, eventuell mit gemeinsamem Kochen, zum Spazierengehen, zum Spieleabend, zum Besuch einer kulturellen Veranstaltung oder einfach nur zum Kaffeetrinken oder Quatschen. Dabei darf der Helfer nicht davon ausgehen, dass so ein einmaliges Ereignis durchschlagenden Erfolg in der Therapie bringt. Nein, es handelt sich lediglich um ein kleines, aber immens wichtiges Mosaiksteinchen. Die positive Wirkung ist erst nach Jahren zu beobachten. Die Helfer brauchen also einen langen Atem. Das Ergebnis wird aber wunderbar sein: Sie als Helfer haben mitgeholfen, einen Menschen wieder ins Leben zurückzuführen und nicht dabei zugeschaut, wie er seelisch stirbt. Es müssen auch nicht immer Besuche sein. Ein Anruf, ein kurzer Brief oder eine Postkarte mit eventuell auch nur ein paar belanglosen Worten durchstoßen nach und nach die Glocke des Traumatisierten. Somit dringt wieder Lebenslicht auf die geschundene und verwirrte Seele. Hilfreich ist, wenn die Helfer untereinander Kontakt haben und sich absprechen. Finden sich beispielsweise zehn Personen und jeder meldet sich nur einmal im Monat, dann wird der Traumatisierte schon mindestens zweimal in der Woche aus seinem Dilemma herausgerissen. Ein großer Schritt für den Betroffenen bei vielleicht zwei Stunden Einsatz pro Monat von jedem Helfer. Diese zwei

Stunden müssen, dürften oder sollten immer übrig sein. Je mehr Schultern an so einem Projekt beteiligt sind, desto leichter ist die Last für jeden Einzelnen zu tragen. Denn professionelle Trauma-therapie reicht allein nicht aus. Einerseits sind die in Anspruch zu nehmenden Therapiestunden begrenzt. Andererseits findet die Therapie in der Praxis des Therapeuten statt. Dies ist quasi ein Schonraum für den Betroffenen. Auch wenn die Sitzungen nicht immer angenehm sind, so hat er hier aber nichts von außen zu befürchten. Zu Hause, im privaten Umfeld, warten hingegen immer wieder Stolpersteine, ohne dass der Therapeut zur Stelle ist. Hier sind die Helfer eingefordert. Zusätzlich sind noch einige Bürokratismen zu erledigen. Ein Traumatisierter benötigt Hilfe beim Verstehen der Briefe von Arbeitgeber, Krankenkasse, Ver-sicherung, Versorgungsamt und bei deren Beantwortung. Hier muss dem Betroffenen das Heft aus der Hand genommen werden, da er teilweise geschäftsuntüchtig ist. Stoßen die Helfer an ihre Grenzen, so ist der Schriftverkehr halt mit Hilfe eines Rechtsan-waltes zu führen. Auch sollten sich die Helfer, unter Umständen mit Einwilligung des Betroffenen, nicht scheuen, die Medien ein-zuschalten. Wer weiß, wer dadurch noch mit in das helfende Boot springt. Allerdings muss darauf geachtet werden, dass der Trau-matisierte nicht wie ein Tanzbär im Zirkus in aller Öffentlichkeit vorgeführt wird. Das passiert nämlich dann, wenn das Trauma noch zu frisch ist und der Betroffene vollends in seiner Glocke lebt. Gerade in dieser Phase sollte der Medienbericht mehr um die Sache gehen, als um die Person selbst.

Traumatisierten sieht man nicht unbedingt ihre Traumatisierung an. Man sieht keine offenen Wunden oder eingegipste Arme und Beine. Auch können sie zwischen zwei depressiven Episoden für einen kurzen Zeitraum immer wieder ganz normal auf ihre Mitmenschen wirken. Dies kann zur Folge haben, dass medizinische Laien davon ausgehen, dass er schon wieder vollkommen genesen sei. Häufig habe ich diese und ähnliche Situationen erlebt. Mitmenschen glaubten, ich sei wieder völlig normal, sehen mich auf der Straße, schleichen sich von hinten an mich heran und hauen mir zur Begrüßung auf die Schulter. Eigentlich keine schlimme Situation. Bei mir löste dies jedes Mal einen immensen Ganzkörperschweißausbruch samt Flashback aus. In der Regel konnte ich nur noch stammeln. Innerhalb von Sekundenbruchteilen kann so ein gut gemeinter Klaps oder ein unbedachtes Wort der Türöffner zu einem Stimmungstief sein. Ein Traumatisierter handelt nämlich in Mustern, in denen das traumatisierende Ereignis an oberster Stelle steht. Alle Sinneseindrücke, die während des Traumas wahrgenommen wurden, werden unbewusst als etwas Negatives eingeordnet. Ein kleiner Schreck im Alltag, unter Umständen Jahre nach dem traumatisierenden Ereignis erlebt, dockt sich unmittelbar an das Trauma an. Sofort wird der Traumatisierte wieder in seine Höllenqualen zurückversetzt. Dazu gehören auch oftmals Gerüche, Geräusche bzw. Stimmlagen. So vielfältig wie die unbewussten Sinneswahrnehmungen während des Unfalls waren, genauso vielfältig sind auch die Möglichkeiten im Alltag, an das Trauma erinnert zu werden. Jedes Mal macht dann der Traumatisierte einen erneuten Rückschritt. Es ist also nicht einfach, adäquat mit einem traumatisierten Menschen umzugehen. Dennoch sollte der Kontakt aufrechterhalten werden. Auch wenn der Betroffene nicht unbedingt positiv auf die ihm gemachten Angebote reagiert, so registriert er in der Regel die wohlgemeinten Bemühungen. Die Verarbeitung des Traumas braucht Zeit. Also müssen sich die Helfer in Geduld üben und dem Traumatisierten immer wieder zeigen, dass er mit der Bewältigung seines Traumas nicht alleine ist. Wirkliche Hilfe beginnt dann damit, dass man zuhört, nachhakt und so versucht herauszufinden, wie man den Traumatisierten ablenken kann, etwa durch eine bestimmte Freizeitgestaltung. Und schon ändert sich die Qualität der Hilfe. Jetzt kann nämlich der laienhafte Helfer darauf eingehen, was der Traumatisierte möchte. Ich habe das Glück gehabt, dass meine Helfer durch Beobachtung sehr gut auf mich eingehen konnten. Oftmals gehen sie von ihren Bedürfnissen aus und projizieren diese auf den zu Helfenden. Diese Art der Hilfe hat dann aber eher wenig Aussicht auf Erfolg.

Bei einem Trauma, hervorgerufen durch Unfall, Gewalttat, schwere Krankheit oder andere Schicksalsschläge wird die Seele in ihre Einzelteile zerstückelt. Nichts ist mehr an seinem gewohnten Platz. Gedanken und Gefühle verändern sich schlagartig. Der Tsunami hat mich nicht nur körperlich, sondern auch seelisch durcheinander gewirbelt. Mir wurde buchstäblich der Boden unter den Füssen weggerissen. Es fehlte auf einmal die Basis, die Grundlage des Lebens, an der sich alle weiteren Verhaltensmuster und Lebenseinstellungen orientieren. Viele Menschen gehen einem Hobby nach. Dieses dient nicht nur als Abwechslung vom Alltag, sondern gibt auch neue Lebenskraft und/oder entspannt. Während des Posttraumatischen Belastungssyndroms ist das Hobby ganz weit weg. So weit weg, dass der Traumatisierte es weder geistig sehen kann, noch ein Verlangen in sich trägt, dem Hobby nachzugehen. An Stelle dessen ist nun das Trauma mit all seinen Flashbacks und sonstigen negativen Erscheinungen getreten. Und diese entspannen nicht, sondern verspannen (und deprimieren) den Traumatisierten. Wenn das Trauma nun zu einem gewissen Teil überwunden ist, geht es darum, eine neue Grundlage für das Leben nach dem Posttraumatischen Belastungssyndrom zu finden.

Wie schon erwähnt, unterscheidet sich jede Umgehensweise

mit dem Trauma durch die individuelle Vorerfahrung jedes Einzelnen. Es gibt aber auch noch einen weiteren Aspekt. Hierzu möchte ich die Menschen in zwei verschiedene Schubladen stecken:

Die gedanklich-mentalen Typen und die emotionalen Typen.

Ich gehöre eindeutig zur ersten Kategorie. Das heißt, ich habe mein Trauma größtenteils gedanklich verarbeitet. Emotionen spielten zwar auch eine Rolle, aber immer, wenn es mir gefühlsmäßig zu viel wurde, ich von meinen Emotionen überrollt wurde, habe ich mich auf »meine« gedankliche Ebene zurückgezogen und die Emotionen unterdrückt.

Ich glaube, dass es die emotionalen Typen wesentlich schwerer haben. Ihr vertrautes Terrain wird durch das traumatische Ereignis überflutet. Es entsteht ein Gefühlschaos. Diesen Menschen fehlt die Fluchtmöglichkeit auf die gedankliche Ebene. Sie sind es nicht gewohnt, Ereignisse mental zu lösen.

Gerade für diesen Personenkreis finde ich es wichtig, sich mit der Übung des »Nicht-Denkens« zu beschäftigen. Ich bin der Überzeugung, dass sie somit einen besseren Zugang zu ihrer mentalen Ebene erlangen. Dadurch erschließt sich diesen Menschen eine neue Umgehensweise mit ihrer Posttraumatischen Belastungsstörung.

Zum Schluss möchte ich noch Folgendes anmerken: Michaela und ich haben den Tsunami an derselben Stelle mit derselben Wucht erlebt. Auch befanden wir uns direkt nach der Monsterwelle im selben Hotel. Unsere Wahrnehmung darüber geht aber vollkommen auseinander. So hat Michaela beispielsweise zwei Riesenwellen erlebt, ich nur eine. Auch die Situation auf dem Dach des »Similana-Hotels« hat Michaela ganz anders in Erinnerung. Ihr Traumaerleben war und ist geradezu entgegengesetzt zu meinem. Und das nicht nur zeitlich, sondern auch inhaltlich.

So ging es ihr gut, wenn es mir schlecht ging und umgekehrt. Ich brauchte viele Außenkontakte, sie eher weniger.

In einem Punkt waren wir uns aber gleich: Wir wussten beide sehr genau, was der Andere erlebt und durchgemacht hatte. Wir wussten beide, dass man so etwas nicht einfach wegstecken kann und möglichst schnell zur Tagesordnung zurückkommt. Nur durch dieses tiefe Verständnis füreinander konnten wir die Stimmungstiefs des Anderen ertragen.

Der Jahrestag

Etwa 300 000 Menschen starben durch den Tsunami in Südostasien. Ungleich mehr wurden verletzt. Besonders an den ersten beiden Jahrestagen wurde an die Opfer gedacht. In den deutschen Medien wurde dabei hauptsächlich an die asiatischen Betroffenen erinnert. Firmen und private Personen sammelten Spendengelder und finanzierten Aufbauprojekte in den betroffenen Gebieten. Eine sehr lobenswerte Angelegenheit. Leider wurden deutsche Tsunamiopfer fast völlig vergessen. Kaum jemand scheint sich Gedanken zu machen, was denn aus ihnen geworden ist. Die Berichterstattung in Deutschland verschweigt geradezu die Schicksale der hiesigen Tsunamiopfer. Ich frage mich deshalb: Sind deutsche Tsunamiopfer weniger Wert als asiatische? Mir tut die einseitige Darstellung sehr weh.

Mehrfach wurde ich gefragt, ob ich denn den Jahrestag als zweiten Geburtstag feiern würde. Ich bin immer noch geschockt, wenn ich diese Frage höre. Okay, ich habe überlebt und bin dafür auch sehr, sehr dankbar. Aber den Tag feiern, welcher der mit Abstand grausamste Tag in meinem Leben war? Viel zu groß sind die schmerzhaften Erinnerungen. Würde man auch jemanden fragen, der brutal zusammengeschlagen wurde und nur mit viel Glück überlebt hat, ob er diesen Tag als seinen zweiten Geburtstag feiert? Ich denke, nein. Die ersten beiden Jahrestage erlebte ich wie in Trance. Schon Wochen vorher verschlechterte sich mein Gemütszustand, der seinen negativen Höhepunkt dann am 26. Dezember erreichte. Nur langsam kam ich aus dem Tief heraus. Die letzten drei Jahrestage waren zwar nicht mehr so intensiv, das Grummeln in meiner Magengrube verriet mir aber schon beim Aufwachen, dass es sich um einen ganz besonderen Tag für mich handelt.

Generell scheint es mir so zu sein, dass das Hauptaugenmerk in der Berichterstattung den verstorbenen Opfern gilt, nicht aber den Überlebenden. Um eines vorab klarzustellen: Ich finde es furchtbar, wenn jemand stirbt. Das Lebenswerk dieser Person ist für dieses Leben unwiderrufbar beendet. Für die meisten Angehörigen bricht eine Welt zusammen. Sie sind unsagbar traurig und unter Umständen fehlt der entscheidende Lebensmittelpunkt.

Die überlebenden Opfer eines Unglücks bekommen in der Regel aber wenig Aufmerksamkeit durch die Medien. Zwischen den Zeilen der Artikel lese ich oft: Das Unglück war ja nicht so schlimm, keine Toten, nur ein paar Verletzte. Es wird dann ziemlich schnell zur Tagesordnung übergegangen. Kaum jemand kann sich vorstellen, dass Verletzte und deren Angehörige massiv in ihrer Lebensqualität eingeschränkt werden. Es entsteht eventuell eine monate-, jahre- oder sogar lebenslange Erwerbsunfähigkeit mit all seinen sozialen, psychischen, körperlichen und finanziellen Konsequenzen. Je nach Art und Schwere der Verletzung muss das ganze Leben neu gestaltet werden. Das kann zwar durchaus eine Chance sein, viele zerbrechen aber an dieser Aufgabe. Und das, weil es nicht einfach ist, Informationen zur Meisterung all dieser Probleme der neuen Lebenslage zu erhalten.

Konsequenzen

Auch wenn mein Leben nach dem Unfall von sehr niedriger Qualität geprägt war, so musste ich zumindest feststellen, dass ich auf alle Fälle überleben sollte. Die Möglichkeit, durch den Tsunami zu sterben war nämlich ungleich größer. Ich habe also eine zweite Lebenschance erhalten. Allerdings hatte und habe ich Angst, mein Leben nach dem Unfall genauso zu führen wie vorher. Schließlich haben meine Gedanken und Taten mich zu dem Tsunami geführt. Unsere Gegenwart ist das Resultat unseres Tuns aus der Vergangenheit. Und unser gegenwärtiges Tun wird unsere Zukunft bestimmen. Jahrelang vor dem Tsunami erhielt ich immer wieder Hinweise, meinem Leben eine neue Richtung zu geben. Starsinnig wie ich war, ignorierte ich fast alle Ratschläge. Stattdessen ging ich wie ein Pferd mit Scheuklappen unbeirrbar durch mein Leben. Selbst eine rheumatische Erkrankung ließ mich nicht aufhorchen. Ich war halt eine harte Nuss. Jedoch wusste der liebe Gott, wie er so eine harte Nuss wie mich knacken konnte: Er schenkte mir den Tsunami. Nun musste ich unweigerlich meinem Leben einen neuen Sinn geben. Denn so etwas wie den Tsunami möchte ich nicht noch einmal erleben. Wie einfach und leicht wäre es doch gewesen auf die Fingerzeige vorher zu hören. Wir können unser Leben nämlich immer neu beginnen. Und das geht besonders gut in Westeuropa, besonders in einem Land wie Deutschland. Zwar leben wir in einem Staat, in dem es viele Ungerechtigkeiten gibt, aber wir sollten uns alle der vielen positiven Grundlagen bewusst sein. So leben wir in einer kriegsfreien Zone, haben viele Möglichkeiten der Schul-, Aus- und Fortbildung, ein vielfältiges Nahrungsmittelangebot und so weiter und so fort. Die Liste der Vorzüge in Deutschland zu leben im Gegensatz zu vielen anderen Ländern auf der Erde scheint geradezu unendlich groß.

Nun kann ich unter diesen Rahmenbedingungen noch zusätzlich auf viereinhalb Jahrzehnte Lebenserfahrung zurückgreifen. Die Dinge, die mir vor dem Tsunami gut gelungen sind, werde ich beibehalten. Die weniger erfolgreichen Sachen werde ich positiv ändern.

Dazu gehört in erster Linie, Körper und Seele in Schuss zu halten. Der menschliche Körper ist dazu verdammt, spätestens ab dem dreißigsten Lebensjahr abzubauen. Dem können wir allerdings in gewisser Weise entgegenwirken. Darauf möchte ich in diesem Rahmen aber nicht genauer eingehen.

Gesunde Ernährung und adäquater (Ausgleichs-)Sport sind die beiden Hauptangelegenheiten. Wir haben halt nur diesen einen Körper, unser Schiff, das uns Zeit unseres Lebens sicher von A nach B bringen sollte. Mit einem kranken Körper dreht sich das vielfältige Leben nur um Krankheit und das seelische Befinden ist auch nur von minderer Qualität. Oftmals hilft im Krankheitsfall schon ein kleiner Trick. Es geht nämlich nicht um die Bekämpfung der Krankheit, sondern um die Gesundwerdung. Was kann der Erkrankte tun, um wieder gesund zu werden? Was kann dem erkrankten Körper helfen wieder zu gesunden? Wenn man nämlich immer versucht gegen die Erkrankung zu kämpfen, so ist die Hauptbotschaft an den Körper Krankheit, Krankheit und nochmals Krankheit. Also das genau gegenteilige Ziel. Wer gesund werden möchte, sollte sich demzufolge auch mit der Gesundung beschäftigen. Es geht zunächst einmal um die innere Einstellung, um dafür bereit zu sein. Viele Menschen hierzulande pflegen ihre Krankheiten. Wer nun beschließt, wieder gesund zu sein und dies auch wirklich verinnerlicht, dem werden auch die entsprechenden Therapien offenbart werden. Somit ist die Grundlage für ein gesundes Leben gegeben. Gesund zu werden oder zu bleiben ist ein aktiver Prozess, der zur täglichen Routine gehören sollte.

Dazu möchte ich Ihnen folgende Übung ans Herz legen, die mir etwa drei Jahre nach dem Tsunami plötzlich einfiel. Ich lag im Bett und war wieder einmal sehr unzufrieden mit meiner Situation. Ständig wurde ich durch kleinere oder größere Schmerzattacken daran erinnert, dass ich körperlich ein Wrack war. Ich hatte die Schnauze gestrichen voll. Mit einem Mal kam mir der Gedanke: »Was wäre denn, wenn du vollkommen gesund wärst?« Ich erschrak. »Vollkommen gesund? Wie geht das denn?«

Sofort stellte ich mir vor, wie ich joggen und springen würde.

»Ja, das wäre schön, aber dazu muss erst einmal mein Knie gesund sein.«

Also stellte ich mir vor, dass die inneren Strukturen meines linken Knies geheilt wären. Ich erschrak abermals.

»Das geht ja gar nicht!«

Es war unmöglich, mir mein Knie gesund vorzustellen. Stattdessen spürte ich einen dunklen, zähen Brei, der aus Krankheit bestand.

»Der muss weg!«

Ich versuchte mir vorzustellen, wie gesunde, helle Energie die dunklen Strukturen auflöst. Keine Chance, denn der dunkle Krankheitsbrei war ein Teil von mir. Im Gegensatz zur hellen Gesundheitsenergie.

»Das kann doch wohl nicht angehen.«

Ich versuchte zu reflektieren.

Es stimmte. In meinem tiefsten Innern hatte ich die Verletzung akzeptiert. Ich wollte nicht wirklich wieder gesund werden. Ich verwaltete mehr und mehr meine Verletzungen und Erkrankungen. Den Glauben an eine Gesundung hatte ich unbewusst schon längst verworfen. Mein Schock hierüber wich schnell einer Gesundheitsmotivation. Ich stellte mir vor wie »weißer Gesundheitsnebel« meinen Körper durchflutet. An den Stellen, wo es besonders Not tat, ließ ich ihn länger verweilen. Dazu sagte ich mir:

»Ich bin gesund. Mein Knie ist jetzt geheilt.«

Schon nach wenigen Minuten spürte ich erste positive Effekte. Die krankhafte Zone wurde etwas kleiner. Mir war bewusst, dass ich noch ein großes Stück Arbeit vor mir hatte. Der erste kleine Erfolg motiviert mich aber seitdem zu einem immer wieder erfolgreichen Praktizieren dieser doch recht einfachen Affirmation. Allerdings weiß ich aus eigener Erfahrung, dass nicht jeder, vor allem als Traumatisierter, die Kraft hat, diese und auch die folgenden Übungen auszuprobieren.

Es geht bei dieser Übung nicht um ein bloßes Rezitieren der Sätze. Man muss auch glauben, was man sagt. Das mag für den einen oder anderen paradox klingen. Da hat man ein oder mehrere erkrankte Körperteile und behauptet einfach, man sei gesund. Versuchen Sie bitte trotzdem, die nächsten Sätze nachzuvollziehen:

Ich konzentriere mich auf mein gesundes rechtes Knie und spüre, wie es sich im Knieinneren anfühlt. Diese Schwingung transportiere ich nun gedanklich vom rechten zum linken Knie. Höchstwahrscheinlich wird ein kleiner Kampf im linken Knie beginnen, da die Krankheitsschwingung sich nicht einfach so vertreiben lässt. Sagen Sie zu sich selbst und zu dem erkrankten Körperteil: »Ich empfange jetzt Gesundheit«, »Mein ... ist jetzt gesund.«

Das Entscheidende dabei ist, dass die gesunde Schwingung und Ihre Worte quasi eins sind. Beides fühlt sich beim genauen Spüren gleich an. Für die bezüglich Meditationstechniken Unerfahrenen mag das eventuell abenteuerlich klingen. Praktizieren Sie trotzdem die Übung und geben Sie Ihr bestes. Und zwar mehrmals täglich über Wochen und Monate. Der Erfolg wird sich dann einstellen.

Zugegeben, mein Knie und auch der restliche Körper werden nie so gut werden, als dass ich in der Fußballbundesliga zum Einsatz kommen werde. Aber nach der Übung habe ich einen deutlich sicheren Gang. Ich laufe nicht permanent mit der Angst herum, dass mein Knie gleich verdreht wird oder dass es weh tut. Mir geht es einfach besser. Meine Stimmung ist positiv, auch ohne komplett gesundet zu sein. Meine Einstellung zu meinem Körper hat sich somit verändert.

Achtung: Diese Übung ersetzt keinen Arztbesuch. Aber mit dieser Übung legen Sie Ihre Gesundwerdung nicht nur in die Hände Ihres Arztes, sondern leisten auch einen eigenen, aktiven Beitrag.

Die Seele des menschlichen Körpers ist nicht dem Verfall bestimmt. Im Gegenteil: sie schreit geradezu nach Wachstum und Entfaltung. Die Vielfältigkeit des Lebens ist Nahrung für die Seele. In ihr sind sämtliche Möglichkeiten unseres Daseins bereits enthalten. Somit können wir viel mehr sein oder werden, als wir uns bislang erträumt haben. Je nachdem, auf was wir uns konzentrieren (denken), erscheint dieser Teil im Licht unseres Lebens, also in unserer persönlichen Realität. Die übrigen Facetten des Lebens dagegen verwesen durch Nichtbeachtung in der Dunkelheit. Die Frage ist also: Was für Möglichkeiten geben wir unserer Seele für eine freie Entfaltung?

Das Leben von Traumatisierten, aber auch von vielen anderen Menschen, ist durch immer wiederkehrende Handlungen und Gedanken geprägt. Beruf, Familie, alltägliche Notwendigkeiten führen dazu, dass die meisten Menschen abends erschöpft sind. Nach den Fernseheinschaltquoten zu urteilen bleibt vielen Personen zum Tagesausklang nur noch der Blick in die »Glotze«.

Eine nur vermeintliche Form der Entspannung. Denn beispielsweise Krimis und Actionfilme wühlen die Seele der Zuschauer auf. Es gibt nämlich für sie zunächst keine Möglichkeiten der Einflussnahme und Reaktion. Somit haben wir eine zusätzliche Belastung zum Tagesgeschehen. Als Folge davon verarbeiten wir das Fernsehprogramm im Traum und wachen morgens nicht optimal erholt auf. Damit ist am Morgen schon gesichert, dass man abends erneut sehr müde und erschöpft ist. Also bleibt für die meisten nur noch Fernsehen gucken übrig. Ein Teufelskreis entsteht.

Das Ergebnis dieser Lebensführung ist viel Frust, da zumindest unbewusst ein jeder sich doch vom Leben viel mehr wünscht.

Hoher Alkohol- und Medikamentenkonsum, Burn-out-Syndrom, volle Wartezimmer der Ärzte und stark ausgebuchte Psychotherapeuten sind die logischen Konsequenzen der unerfüllten und nicht ausgelebten Wünsche und seelischen Bedürfnisse.

Später

Wenn ich Rentner bin
Dann kann ich leben

Wenn ich Rentner bin
Dann hab' ich Zeit

Doch heute ruft die Arbeit
Heut' genieße ich mein Leid

Aber wenn ich Rentner bin
Bin ich bereit

Warum kann ich heut' nicht leben?
Warum hab' ich keine Zeit?

Wo ist der Mut für mein Streben?
Streben nach Glückseeligkeit

Die Angst hat meinen Mut genommen
Zu spüren, wer ich bin

Die Angst hat meine Seele längst erklommen
Die Angst gibt meinem Leben Sinn

Aber wenn ich Rentner bin
Dann hab' ich Zeit

Wenn ich Rentner bin
Bin ich bereit ...
Zum Sterben
(Dabei bin ich doch schon lange tot)

Viele Menschen scheinen geradezu Angst davor zu haben, ihre Wünsche jetzt zu erfüllen. In so einem Leben fehlt der Mut, egoistisch zu sein. Der Mut, das eigene Leben ernst zu nehmen. Die Bereitschaft, Zeit für sich selbst zu reservieren. Zeit, in der aktiv und bewusst der Alltag unterbrochen, neue Energien und Inspirationen gesammelt werden.

Was kann ich nun tun, um neue Inspiration zu erhalten, um meinem Leben eine neue, erfülltere Richtung zu geben? Zunächst ist es sinnvoll, dass Sie sich um Ihre Gedanken kümmern. Die meisten Menschen sind Gedankenmillionäre. Ständig denkt und grübelt es im Kopf. Oftmals laufen diese Prozesse unbewusst ab. Kaum jemand weiß, was er vor fünf Minuten gedacht hat. Dieses Denken befasst sich aber einerseits überwiegend mit nicht verarbeiteten Situationen aus der Vergangenheit. Andererseits denkt es über die Zukunft nach, ohne dass dabei konstruktive Ergebnisse hervorgerufen werden. Im Gegenteil sogar, meistens wird sich über die Zukunft gesorgt. In beiden Fällen bewirken die Gedanken eine schlechte Grundstimmung, ohne eine Problemlösung anzubieten. Deshalb geht es zunächst darum, sich der Alltagsgedanken überhaupt bewusst zu werden und sie zu stoppen.

Übung: Begeben Sie sich in einen ruhigen Raum. Sorgen Sie dafür, dass Sie in den nächsten 15 Minuten nicht gestört werden. Setzen Sie sich bequem, aber aufrecht hin. Sie können die Übung auch auf dem Rücken liegend ausführen. Allerdings bedarf es hierbei von Ihnen erhöhte Aufmerksamkeit und Konzentrationsfähigkeit, da Sie sonst der Gefahr erliegen, einzuschlafen. Fangen Sie nun an, bewusst in den Brustkorb* zu atmen. Spüren Sie, wie er sich mit Luft füllt und wie die verbrauchte Atemluft Ihren Brustkorb wieder verlässt. Nach cirka 20 bewusst durchgeführten Atemzügen lenken Sie jetzt Ihre Konzentration auf Ihre Gedanken. Lassen Sie ein »Nichts« in Ihrem Kopf entstehen. In der Regel dauert es nur ein bis zwei Sekunden und schon haben Sie wieder einen Gedanken im Kopf. Lassen Sie erneut ein »Nichts« entstehen. Denken Sie einfach rein gar nichts.

Ich glaube, dass alle Menschen, die diese Übung zum ersten Mal praktizieren der Meinung sind: »Diese Übung kann ich nie meistern.« Falsch! Zunächst einmal wird Ihnen endlich bewusst, wie viel Sie denken und was für unnütze Gedanken ständig in Ihrem Kopf herumgeistern. Werden Sie Herr/Frau Ihrer Gedan-

---

* Bei der Brustkorbatmung aktiviert man unbewusst das Herzchakra, ein Bereich der nicht zwischen gut und böse unterscheidet, sondern wo allumfassende Liebe und Heilungsenergien zu Hause sind. Dagegen konzentriert man sich bei der Bauchatmung auf den »Solarplexus«, der Bereich der Emotionen – sowohl positiver als auch negativer. Nur der sehr Geübte kann diese negativen Emotionen wegatmen, der Ungeübte konzentriert sich unbewusst darauf und verstärkt sie somit.

ken. Machen Sie bitte weiter mit der Übung. Immer, wenn ein Gedanke Ihnen bewusst wird, schmeißen Sie ihn hinaus und beginnen Sie die Übung von vorne. Nach ein paar Tagen werden Sie es bestimmt schaffen, fünf Sekunden lang bewusst nicht zu denken. Und nach einigen Wochen haben Sie es bestimmt schon erlebt, dass es innerhalb von 30 Sekunden nur vier- bis fünf Mal in Ihnen gedacht hat. Setzen Sie die Messlatte des Erfolges nicht zu hoch an. Wichtig ist es, diese Übung kontinuierlich zu praktizieren. Und wenn es mal wieder in Ihnen denkt, besteht der Erfolg darin, dies zu registrieren und den Gedanken zu stoppen. Ich wünsche Ihnen ein frohes Gelingen.

Wenn Sie nun mit dieser Übung ein wenig vertraut sind und sich schon die ersten Fortschritte eingestellt haben, dann sind Sie für die nächste Stufe bereit. Fahren Sie hinaus in die Natur. Gehen Sie spazieren, nehmen Sie die Schönheit und Vielfalt der Pflanzen- und Tierwelt wahr. Aber bleiben Sie gedanklich nicht an ihr haften. Lassen Sie, wie in der Übung zuvor bereits beschrieben, immer wieder ein »Nichts« entstehen. Ihre Alltagsgedanken sowie Bewertungen der von Ihnen wahrgenommenen Eindrücke haben in dieser Übung nichts zu suchen. Ein 30-minütiger so praktizierter Spaziergang wird Sie enorm erfrischen und Sie Stück für Stück zu Ihrem noch nicht ausgelebten Potenzial bringen.

Mit diesen beiden Übungen werden Sie nach und nach Ihre Gedanken besser kontrollieren, um sie zielgerichteter einzusetzen. Allerdings ist dies ein Prozess, der schon einige Zeit in Anspruch nehmen wird. So wird es immer wieder vorkommen, dass Sie ins Grübeln geraten und negative Gedanken hegen. Das hat nicht nur eine Stimmungsverschlechterung zur Folge. Je nach Art der Gedanken verspannen sich entsprechende Muskeln (vergleiche:

Psychosomatik). In diesem verspannten Areal wird nach einem gewissen Zeitraum das betroffene Gebiet schlechter ernährt und ist demzufolge nicht mehr so leistungsfähig wie zuvor. Außerdem reagiert der Körper mit einer Statikveränderung. Das bedeutet, dass auf das menschliche Skelett einwirkende Kräfte nicht mehr gleichmäßig verteilt werden. Stattdessen werden Gelenke und Muskeln Kräften ausgesetzt, denen sie auf Dauer nicht standhalten können. Sie reagieren schmerzhaft. Zusätzlich können sich auch noch innere Organe an diesem Geschehen beteiligen. Die folgende Übung dient nun dazu, diesen komplexen Zusammenhang näher kennenzulernen und ihn zu stoppen.

Suchen Sie einen ruhigen Ort auf, wo Sie in den nächsten 30 Minuten nicht gestört werden. Legen oder setzen Sie sich bequem hin und schalten Sie zunächst Ihre Gedanken ab. Konzentrieren Sie sich auf Ihren linken Fuß und spüren Sie seine Knochen und Muskeln. Lassen Sie die Muskeln locker. Sollte Ihnen das nicht gelingen, so geben Sie den Fußmuskeln den Befehl zur Entspannung. Sagen oder denken Sie: »Ich entspanne jetzt sämtliche Muskeln in meinem linken Fuß.« Ihre gesamte Aufmerksamkeit ist nun ausschließlich auf die Entspannung Ihres linken Fußes gerichtet. Wenn Sie der Überzeugung sind, diesen Schritt einigermaßen gemeistert zu haben, so praktizieren Sie diese Übung mit dem rechten Fuß. Anschließend entspannen Sie beide Füße – wie oben beschrieben – gleichzeitig. Als nächstes verfahren Sie so mit Ihren Unterschenkeln. Dann kommen die Oberschenkel dran, das Becken, der Bauchraum, die Arme und schließlich der Kopf. Wenn Sie einen Körperteil entspannt haben, gehen Sie bitte nicht gleich zum nächsten weiter. Stattdessen besteht die Aufgabe dann darin, das »neue« sowie alle vorherigen Körperteile gleichzeitig zu entspannen, bevor Sie zum nächsten Abschnitt weitergehen.

Hinweis: Sie werden rasch bemerken, dass diese Übung in einigen Körperregionen sehr gut gelingt, in anderen dagegen eher weniger gut. Das ist erst einmal ganz normal und zeigt Ihnen lediglich, wo Sie entspannungstechnisch noch ein wenig mehr Zeit investieren dürfen.

Trotzdem werden Sie feststellen, wie gut und schnell Sie sich durch diese Übung erholen. Durch Konzentration auf das »Nicht-Denken« und die Muskelentspannungen haben Ihre Sorgen, Ängste und Alltagsgedanken vorübergehend keinen Einfluss auf Ihre körperliche und seelische Verfassung. Somit geben Sie dem göttlichen Geist die Möglichkeit in Ihnen zu fließen und Sie harmonisch zu inspirieren und zu entspannen. Ähnlich wie ein Fluss, der spielerisch und mühelos in seinem Bett durch die Natur gleitet. So kann seine Umgebung, also Pflanzen, Tiere und Menschen von ihm profitieren. Wird er aber gestaut oder künstlich umgeleitet, hat das verheerende Konsequenzen. Pflanzen erkranken und sterben, Tiere und Menschen müssen sich eine neue Lebensgrundlage suchen. Wer also gesund und in Harmonie mit sich und seiner Umwelt leben möchte, darf keine Barrieren in sich aufbauen. Zu groß ist der potenzielle Flurschaden.

Es gibt aber auch noch einen Königsweg. Der Alltag ist in der Regel deshalb so anstrengend, weil Sie die gestellten Aufgaben mit einem gewissen Widerstand angehen:

»Heute noch arbeiten, aber dann ist Wochenende.«

Oder: »Ich muss noch eben dies oder jenes tun, aber dann ...«

Einige Dinge tun Sie gerne, andere sind eher lästiges Übel. Und genau hierin liegt der Fehler. Wir dürfen unser Leben nicht unterteilen in gut und böse. Alles, was wir tun, ist unser Leben. Es gibt kein gutes oder schlechtes Leben. Schließlich haben wir durch unser Tun und durch unser Denken uns unsere Gegenwart selbst erschaffen. Bei allen Dingen, die Sie mit einer ablehnenden

Haltung angehen, sorgen Sie in sich nicht nur für eine schlechte Stimmung und bauen innerlich Barrieren auf, sondern verschwenden auch noch leichtfertig Ihre Energien.

Stattdessen sollten Sie sich der Tatsache bewusst werden, dass Sie leben. Dies ist ein ganz besonderes Geschenk. Ich weiß wovon ich rede. Um ein Haar wäre ich am 26. Dezember 2004 gestorben. Ich habe mir oft die Frage gestellt, was dann gewesen wäre. Auf alle Fälle wären mir viele schöne Momente seitdem vorenthalten worden.

Nun gut. Die ersten anderthalb bis zwei Jahre waren für mich größtenteils der blanke Horror. Aber inzwischen habe ich so viele positive Dinge erlebt. Und das, obwohl ich sehr stark psychisch und physisch in meinem Tatendrang limitiert bin. Aber allein im Frühjahr oder im Sommer aufzuwachen und Vogelgezwitscher zu hören, ist für mich ein Hochgenuss. Oder kalte, klare Winterluft zu atmen. Diese beiden Dinge könnte ich eindeutig nicht tun, wenn ich tot wäre.

Bedenken Sie: Ihre Todesstunde kommt meistens früher, als Ihnen lieb ist. Und dann müssen Sie definitiv mit dem zufrieden sein, was Sie in Ihrem Leben getan oder auch nicht getan haben. Außerdem gibt es auch kein Vertun mehr mit Ihrer Gemütslage. Ob Sie in Ihrem Leben glücklich oder unglücklich waren ist nicht mehr zu ändern. Aber jetzt leben Sie ja. Jetzt können Sie sich entscheiden. Möchten Sie in Harmonie mit Ihrer Umwelt leben? Dann tun Sie das! Möchten Sie Ihr Leben genießen? Dann genießen Sie jeden Moment Ihres Daseins. Fangen Sie sofort damit an.

In Deutschland und Westeuropa gibt es so viele Möglichkeiten und Gründe dafür. Zum Beispiel leben wir in einer kriegsfreien Zone. Wir können uns frei bewegen und brauchen keine Angst vor Bombenangriffen oder Ähnlichem zu haben. Die Grundversorgung mit Lebensmitteln und Kleidung ist für fast alle Bürger sichergestellt. Und wir haben die Möglichkeit, uns weiterzubilden und zu entwickeln. Diese Grundlage besitzen die meisten Menschen auf der Welt nicht. Wir dagegen können im Frühjahr und Sommer bei Vogelgezwitscher das Frühstück mit frischem Kaffee oder Tee genießen. Für mich ist das ein Privileg, ein Geschenk, für das ich sehr dankbar bin. Stellen Sie sich doch kurz einmal vor, wie viele Menschen den Tag ohne Frühstück beginnen und stattdessen vor Bomben und Maschinengewehrpatronen flüchten. Möchten Sie tauschen? Ich nicht! Und so gibt es unendlich viele Dinge, die die meisten als selbstverständlich hinnehmen, statt sich der Tatsache bewusst zu sein, dass sie ständig vom Leben beschenkt werden.

Zeit

Im Hier und Jetzt
Das Leben wohl genießen

Doch kaum das Hier ist grade hier gewesen
Ist es auf immer schon hinfort

Das Jetzt kommt auf mich zugeflogen
Und schon ist es vorbei

Ruhe braucht es
Zum Genießen
Ruhe
Und viel Zeit

Denn in der Ruhe
bleibt das Hier jetzt stehen

Wohl dem
Der Ruhe in sich findet
Für den ist Zeit ein nützlich' Ding

Er kann das Hier genießen
Das Jetzt
Schwört ewig ihm die Treue

Verflogen ist die Zukunft
Vergangenheit ist leer
Es bleibt nur noch die Zeit
Im Hier und Jetzt
In aller Ruhe

Wer sich nun aufmacht auf den Weg
Zu finden seine Ruhe
Hat leider kein' Erfolg
Wohin es ihn auch treibt
Kommt immer er zu spät

Erst wenn er des Laufens müde
Und er nur noch hört sein Herz
Das Tor wird endlich ihm geöffnet
Wo Hier
Und Jetzt
Schon lange auf ihn warten

Danke

Dies ist eines der kompliziertesten Kapitel meines Buches. Nicht, weil es mich Überwindung kosten würde »Danke« zu sagen. Nein, das ist kein Problem für mich. Ich sage gerne »Danke«. Die Schwierigkeit liegt darin, allen, aber auch wirklich allen, zu danken, die mir beziehungsweise uns geholfen oder Hilfe angeboten haben, den Tsunami samt seiner Folgeerscheinungen zu überstehen. Wie schon erwähnt, kontaktierten uns zirka 200 Personen. Einige Menschen meldeten sich beispielsweise telefonisch während meiner Krankenhausaufenthalte. Zum Teil führte ich diese Gespräche unmittelbar nachdem ich aus dem Operationssaal kam und noch unter Einfluss der Narkosemittel stand. Ich habe keine Erinnerung daran, mit wem ich zu diesen Zeiten sprach und was der Inhalt der Gespräche war. Dazu kommen viele mir unbekannte Helfer in Thailand, sowie das Krankenhauspersonal dort und in Deutschland, viele Menschen, die für mich gebetet haben und so weiter und so fort.

Und ich möchte nicht irgendwann einmal irgendjemanden treffen, der mich fragt: »Hey, warum hast du mich nicht aufgeführt? Ich habe schließlich dies und jenes für dich getan.«

Deshalb an dieser Stelle allen, die geholfen oder Hilfe angeboten haben, ein großes und herzliches DANKE!

Danke für mein neues Leben!

Lightning Source UK Ltd.
Milton Keynes UK
UKHW010257110719

345909UK00001BA/77/P